어린이와 함께하는

그림책 가정예배

백흥영 · 박현경 지음

어린이와 함께하는

그림책
가정예배

백흥영 · 박현경 지음

한 주에 한 번씩
52개의 그림책으로 드리는
가정예배 안내서

토기장이

이 책은 멀리 있는 행복을 붙드는 것이 아닌 이미 우리 가정 안에 찾아오셔서 함께하시는 주님을 서로의 눈으로 바라보고 매일의 천국을 경험할 수 있도록 친절하게 안내해 주고 있다. 매주 주어지는 달고 오묘한 주님의 말씀을 통해 가족이 한자리에 모여 하나님이 주시는 마음과 생각들을 엮어나가는 시간은 오래도록 자녀들의 마음속에 강력한 도구로 내면화될 것이다. 저자 분들의 오랜 고민과 아름다운 수고가 고스란히 담겨져 있는 이 책을 통해 우리의 가정들 가운데 더욱 풍성하고 귀하게 채워지는 열매들을 기대하며 많은 분들이 누릴 수 있기를 소망한다.

강윤미 「하나님 성품 태교 동화」 저자, 아인·이든 엄마

자녀에게 해줄 수 있는 가장 좋은 교육이 독서라는 건 알아 도서관에 열심히 데리고 다녔다. 다니다 보니 곧 두려워졌다. 아이가 아무 책이나 보면 어떡하지? 왜 이렇게 그럴듯하게 포장된 거짓이 많지? 그 고민은 다행히 신앙의 선배들을 통해 해결되었는데 무얼 보든지 비판적 사고를 할 수 있도록 대화해 주라는 것이었다. 그런데 더 큰일이다. 결국 자녀교육은 부모 몫이란 거다. 도서관에 데려다만 주는 게 아니라 부모가 안내를 해줘야 한다니…. 사실 어린이 성경은 성경의 모든 이야기를 담지 못한다. 그런데 부모는 세상의 어떤 이야기도 성경적 가치관으로 전달해 주어야 할 사명이 있다. 그 어려운 대화를 이렇게 자연스럽고 즐겁게 시작하다니…. 이런 책이 왜 여태 없었나 싶다. 너무나 반가울 따름이다. 선물하고 싶은 얼굴들이 막 떠오른다.

김미란 전주대학교대학교회 성도·서연·지연·지성 엄마

가정은 작은 교회다. 온 가족이 모여 드리는 가정 예배를 통해 가족 구성원들은 천국을 경험하고 믿음의 성장과 그리스도의 성품을 형성해 간다. 때로 어떻게 가정예배를 시작할지 막막한 가정도 있다. 그런 의미에서 「어린이와 함께하는 그림책 가정예배」는 각 가정에 보내진 귀한 선물과 같다. 이 책은 자녀들의 눈높이에 맞게 그림책이라는 도구로 52주간의 가정예배에 적용할 수 있도록 제시한다. 가족 구성원 모두가 예배의 즐거움과 풍성한 감동을 누릴 수 있는 훌륭한 지침서이며, 이를 통해 가정예배가 회복될 것을 확신한다.

문영재 온누리교회 부목사, CGNTV 〈아무리 바빠도 가정예배〉 진행

"네 자녀에게 부지런히 가르치며 집에 앉았을 때에든지 길을 갈 때에든지 누워 있을 때에든지 일어날 때에든지 이 말씀을 강론할 것이며"(신 6:7). 이 말씀에 딱 맞는 참 반가운 책을 만났다. 이 책은 말씀과 접목된 그림책을 읽으며 자연스럽게 부모와 자녀의 대화가 이루어질 수 있고, 흥미로운 활동도 함께할 수 있다. 뿌리가 튼튼한 나무는 아름드리나무로 자라난다. 이 책을 통해 사랑하는 자녀들도 믿음의 뿌리를 든든하게 내려 아름답게 자라나기를 소망한다. 시간을 내서 자녀의 신앙교육을 하는 것은 마땅히 부모가 해야 할 일이다. 코로나19로 교회 교육이 어려워진 이때에 더 요긴한 책이 될 것 같아 기쁘고 감사한 마음으로 추천한다.

박소명 시인, 동화작가, 「예쁜 말 성경」 저자

이 책은 그림책이라는 도구로 아이들의 생각을 키워 주며 예배를 드리는 형식이라 재미있으며, 미취학 자녀에 맞는 주제와 활동까지 두 분의 저자가 정성을 다해 만들었음이 느껴진다. 무엇보다 책의 선정이 너무 좋아서 엄마 아빠가 책을 좋아하는 분들이라면 더 활용도가 높고. 일주일에 한 번씩 드리는 가정예배니 직접 구매하거나 빌려도 좋을 것 같다. 만일 부담스럽다면 그냥 이 책을 가지고도 얼마든지 가정예배는 가능하니 꼭 도전해 보시기를 바란다. 특히 교회에서 아이들과 함께 방과후 스쿨이나 아이들 제자훈련 등에서 활용하셔도 유익하리라 기대된다.

박혜신 목사, 만나교회 교육국

종교개혁자 마틴 루터는 믿음의 부모는 자녀의 설교자라고 말하며, 가정에서부터 믿음의 부모님과 함께 나누는 하나님 나라 이야기는 선택의 자리가 아닌 순종의 자리임을 강조했다. 이 책은 바로 이러한 성경적이고

신앙적인 부르심 앞에 응답하고자 하는 미취학기 자녀를 둔 믿음의 부모들에게 매우 친절하고 안전한 가정예배의 길잡이가 될 것이다. 그림책을 통하여 부모님과 자녀가 함께 하나님 나라를 함께 상상하고, 표현하고, 마음에 담아내는 자리는 강력한 신앙전수의 자리는 물론이요, 가장 행복하고 즐거운 하나님 나라 이야기를 신앙의 터 위에 든든히 채워가는 살아있는 신앙유산의 자리가 되리라 믿는다.

신형섭 장로회신학대학교 기독교 교육학 교수

사도 바울은 디모데에게 편지하면서 디모데가 어려서부터 성경을 알았고 그 성경이 그리스도 예수 안에 있는 믿음으로 구원에 이르는 지혜가 있게 한다고 말씀하고 있다. 어떤 방법으로라도 성경적인 가치관을 아이들에게 전하는 것이 부모인 우리가 해야 될 일이 아닐까 생각하고 열심히 노력하고 있는데 늘 한계를 많이 느낀다. 어린아이들이 그림책을 통해 하나님의 말씀을 배우고 삶에 적용할 수 있도록 도와주는 좋은 교재가 나온 것 같아서 기쁜 마음으로 추천한다.

염평안 히스킹덤뮤직 대표, 〈요게벳의 노래〉의 작곡가

신선하고 흥미로운 가정예배 안내서를 만났다. '그림책'이 '가정예배'에 이토록 훌륭하게 활용될 수 있다니 저자들의 상상력과 접근 방식이 놀랍기만 하다. 오랜 시간 두 저자가 실제로 자녀들과 함께 그림책으로 가정예배를 드리지 않았다면 결코 나오기 어려운 책이 아닐까 싶다. 어린 자녀와 함께 그림책을 읽고 온 가족이 함께 가정예배를 드릴 수 있으니 더 바랄 게 있을까. 혹여 성경 대신 그림책으로 가정예배를 시작하면 어떡하느냐 반문하는 이들이 있을지도 모르겠으나, 이 책을 직접 펼쳐 보면 무의미한 의구심이란 게 금세 확인될 것이다. 이 책이 십수 년 전에 나왔다면, 우리 집 가정예배가 아이들이 좀 더 기쁘게 참여하는 시간이 되지 않았을까 싶다.

옥명호 「아빠가 책을 읽어줄 때 생기는 일들」 저자, 잉클링즈 대표

우리 가정은 4자녀와 함께 「그림책으로 드리는 가정예배」를 통해 가정 예배의 놀라운 변화를 체험했다. 오랜 선교지 생활 속에서 정체되었던 가정예배가 회복되었고 미취학 자녀부터 10대 자녀까지 온 가족이 즐겁게 가정예배를 드리고 있다. 그림책을 통해서 일상에서 하나님을 증거하며 예수님께서 매 순간 우리 삶의 한 부분 되심을 느낄 수 있었다. 이번 책도 어린 자녀들의 시선에서 하나님이 어떤 분이신지 함께 나누기에 탁월한 접근법을 안내해 주기에 무척 기대가 된다. 많은 가정들이 이 책을 통해 건강한 기독교가정문화 정착과 신앙 전수, 이 두 마리의 토끼를 잡으리라 기대한다.

유지연 일본 선교사, 인하·하나·나다·다예 엄마

코로나로 인해 교회 주일 예배조차 맘껏 드리기 어려운 이때, 가정에서 자녀들의 신앙 교육에 힘써야 하는 이때, 그림책으로 가정예배를 드릴 수 있는 책을 만난 것은 큰 축복이다. 일주일에 단 하루 그림책으로 드리는 가정예배는 아이들에게는 흥미진진한 그림책을 읽을 수 있는 시간으로 기다려지고, 두 남자아이를 키우는 엄마에게는 평소에 듣기 힘든 아이들의 속마음과 일상생활을 나눌 수 있는 시간이 된다. 이러한 행복한 시간을 하나님께서 선물로 주셨다는 경험 자체가 신앙 교육이라 생각되기에 가정예배에 소망을 가지신 부모님들에게 이 책을 적극 추천한다.

유현희 상도중앙교회 집사, 동훈·동호 엄마

그림책과 예배! 유아동 대상 프로그램 발굴을 위해 늘 고뇌하는 교육사역자로서 이 참신한 콜라보를 격하게 환영한다. 예배 인도자를 위한 친절한 멘트와 활동 자료 퀄리티로 보아 이 책이 가정을 너머 교회학교 부서활동에 더없이 좋다는 것을 바로 알 수 있었다. 게다가 이 책은 의무 그 이상의 의미와 가치를 지닌 예배와 독서를 페어 가정에서 좀처럼 이루어지지 않는 아이와의 신앙적 소통이 독서활동을 매개로 자연스럽게 펼쳐질 수 있도록 돕고 있다. 그림책 징검다리를 건너 하나님께로 향하는 아이들의 신나는 걸음을 떠올리며 한 해의 시작에 맞춘 선물로 어서 구입을 서둘러야겠다.

이진아 행신침례교회 아동부 전도사

프롤로그

신앙의 계주자로서의 부모

부모는 개인적으로는 신앙의 경주자이면서 동시에 다음 세대에 신앙을 전수하는 계주자임을 잊지 말아야 합니다. 부모는 믿음의 바통을 다음 세대에 넘겨주어야 할 책임이 있습니다. 그럼에도 불구하고 우리는 가정에서 예배드림과 기독교 가정문화를 세워가는 신앙교육에 힘을 온전히 쏟지 못하고 있습니다. 「싱크 오렌지 리더 핸드북」의 저자 레지 조이너는 신앙교육을 더 이상 미루지 말아야 하는 이유를 이렇게 말하고 있습니다. "우리가 변화를 주저하는 이유는 변화를 시도하지 않을 때 우리가 감당하게 될 대가를 과소평가하기 때문이다." 그렇습니다. 이제 앞으로 다음 세대가 교회를 지켜야 하는데 가정의 신앙교육이 제대로 이루어지지 않는다면 신앙의 가치를 잃어버리고 세속화되는 것은 불 보듯 뻔한 결과를 맞이하게 될 것입니다. 그렇기에 부모는 변화를 위한 대가와 수고를 지불해야만 합니다.

신명기 6장에 보면 하나님은 이스라엘 백성이 가나안 땅에 들어가기 전 부모들에게 자녀들을 어떻게 신앙교육을 해야 하는지 말해 주고 있습니다. 한마디로 부모는 게이트 키퍼(GATEKEEPER)가 되어야 한다고 말합니다. '게이트 키퍼'란 커뮤니케이션의 관문을 지키는 사람이란 뜻으로 뉴스나 정보의 유출을 통제하는 사람을 말합니다. 즉 가나안 문화에 물들지 말고 자녀들이 하나님만 따를 수 있도록 환경을 만들어 주라는 것입니다. 그것이 부모의 사명입니다. 마틴 루터도 부모는 하나님으로부터 양육의 책임을 위탁 받은 대리자임을 강조하였습니다. 그렇기에 부모는 가정 안에서 예배 인도자로 살아야 합니다. 아브라함이 어디에 있든지 어디를 가든지 하나님께 예배를 드렸듯이 부모가 언제나 가정에서 예배자의 본을 보여야 합니다. 그것이 부모의 역할입니다. 삼손의 부모인 마노아가 삼손이 태어나기 전부터 어떻게 자녀를 키워야 할 것인지를 하나님께 물었던 것처럼 우리는 자녀의 삶의 주기에 따라 자녀들이 하나님의 자녀답게 살아갈 수 있도록 힘써 도와야 합니다.

모든 부모의 수고와 책임을 조금이나마 함께 나누고자 또 다른 그림책 가정예배 책을 집필하게 되었습니다. 제목에서도 알 수 있듯이 어린이를 위한 예배가 아니라 어린이와 부모가 함께 드리는 가정예배라는 것을 기억했으면 좋겠습니다. 물론 아이들의 눈높이를 맞추어 교안을 만들었지만, 부모와 아이들 모두가 하나님 앞에서 예배자라는 사실을 잊지 말아야 합니다. 기대하기는 이 거룩한 책임을 기쁘게 짊어지는 부모이길, 동시에 그 부모 밑에서 신앙의 싹을 틔워가는 자녀들이 되길 소망해 봅니다.

백흥영

> 프롤로그

이야기를 통해 하나님의 나라를 느끼고, 상상하며, 만들어 가는 가정

다원화된 세상은 다양한 목소리들로 가득합니다. 다양한 목소리 속에서 하나님을 사랑하고 이웃을 사랑하라는 말씀대로 살고 싶은데 일상 속에서 어떻게 적용해야 할지 난감합니다. 예수님을 따르던 사람들도 비슷한 고민을 하며 예수님께 질문하였습니다. "이웃을 사랑하라고 하시는데 누가 이웃입니까?" 예수님은 선한 사마리아인의 이야기를 들려주십니다. 누구든지 강도를 만나는 어려움을 겪을 수 있습니다. 그러한 상황에서 진정한 이웃이 되어 준 사람이 누구인지, 사랑해야 할 이웃이 누구인지 이야기를 통해 체험하게 해줍니다. 나의 편견으로 가려진 것을 걷어 주며 진정한 가치가 무엇인지 보여 줍니다. 이는 이야기가 인간의 체험을 표현할 뿐만 아니라 그 실재를 바라보며 해석하게 해주는 창문이 되어 주기 때문입니다.

그림책은 글과 그림이 상호보완을 하며 이야기를 전하는 책입니다. 그림책은 소리 내어 읽으며 모인 사람들이 이야기를 공유하며 함께 이야기 나누기에 좋은 매체입니다. 그뿐만 아니라 0세에서부터 100세까지 모든 연령의 사람들이 즐길 수 있습니다. 그림은 아름답고 글은 독자의 상상력을 자극하며 경험을 확장시킵니다. 본서에서는 성경적 가치를 담고 있는 좋은 그림책을 선정하였습니다. 좋은 이야기는 성경의 진리를 깨닫게 해주고, 인간의 본성과 행위에 대한 통찰력을 갖게 해줄 뿐 아니라 악의 원인과 결과를 알도록 도와주고, 하나님이 지으신 세계에 대한 경외심을 갖도록 도와줍니다. 책을 읽는 것에만 그치는 것이 아니라 영유아들이 말씀과 이야기를 나누며 생각한 것을 활동을 통해 적용하고 실천할 수 있도록 구성하였습니다. 이를 통해 진리에 대한 감수성을 키우고 자기 자신과 세상을 성경을 통해서 바라볼 수 있는 안목이 생기길 기대합니다.

우리 모두가 이 땅에 이미 시작한 하나님 나라를 느끼며 기뻐하고 아직 완성되지 않은 하나님 나라를 상상하며 오늘의 씨앗을 심는 그리스도인이 되었으면 좋겠습니다. 하나님이 주신 아름다운 세상을 느낄 수 있으며 누리는 삶, 꿈 같은 이야기라며 고개를 젓는 사람 속에서 하나님 나라를 꿈꾸며 그것을 위해 작은 실천을 하는 삶. 이웃들과 일상의 언어로 하나님의 식과 법을 나눌 수 있는 삶을 살아가길 바랍니다. 그리고 무엇보다 최후의 승리를 확신하며 희망을 잃지 않기를 바랍니다. 그 여정에 좋은 그림책이 친구가 되어 주고, 그림책을 통해 나누는 대화가 불씨가 되고, 우리의 가정예배가 주님의 임재를 경험하는 시간이 되기를 소망합니다.

박현경

이 책의 특징

1. 매주 한 번씩 가정예배를 드릴 수 있도록 총 52주로 구성되어 있습니다.

2. 그림책과 성경말씀을 연계한 독서형 가정예배입니다.

3. 아이들이 쉽게 이해할 수 있도록 새번역 성경본문을 수록했습니다.

4. 성경 말씀의 이해를 도울 수 있는 좋은 그림책을 선정했습니다.

5. 기도, 말씀, 나눔 등이 자세하게 안내되어 있어 인도하기가 쉽습니다.

6. 주제와 관련된 재미있는 독후활동을 할 수 있습니다.

7. 부활절, 성탄절, 설날, 추석 등의 절기가 반영되어 있습니다.

8. 교회 내 도서관 혹은 주말학교에서 아이들을 대상으로 그림책을 활용한 프로그램을 진행할 수 있습니다.

9. 목회자들이 주제 설교를 할 때, 그림책 예화를 들어 설명할 수 있습니다.

이 책의 활용법

1. 함께 모여요
- 가족이 정한 찬송가(복음성가)를 부르면서 함께 모입니다.

2. 기도해요
- 책에 나온 시작 기도문을 읽습니다.

3. 말씀을 읽어요
- 부모가(자녀와 함께) 성경본문을 읽습니다.
- 부모가 말씀에 대한 설명을 해줍니다.

4. 그림책을 준비해요
- 해당 그림책을 구매하거나 도서관에서 대여를 합니다.
- 부모가 먼저 그림책 줄거리를 읽고 숙지합니다.

5. 그림책을 나눠요
- 그림책을 읽고 난 후 '나눔' 첫 번째 단락에 나온 질문을 나눕니다.
  (모든 질문을 다 할 필요는 없고, 자녀들의 연령과 상황에 맞게 질문을 합니다.)
- 말씀과 그림책 내용을 연결하여 정리한 '나눔' 두 번째 단락을 부모가 읽어 줍니다.

6. 기도해요
- 책에 나오는 마무리 기도문을 부모가 읽습니다.

7. 활동해요
- 매주 1가지 활동이 있습니다.
- 다양한 활동을 통해 그 주의 주제를 마음에 새길 수 있도록 합니다.

8. 미/사/감 표현해요
- 예배를 드리고 난 후 서로에게 마음을 표현하며 서로 안아 줍니다.
  (~때문에 미안해요 / 사랑해요 / 감사해요)

차례

*월별 분류는 매해 달라질 수 있습니다.

1월 1째주 **안녕, 우리 집** 우리는 주님의 집에서 만족해요 … 12
1월 2째주 **오늘아, 안녕** 하나님은 우리 마음을 지으셔서 다 아세요 … 14
1월 3째주 **휘파람을 불어요** 하나님이 주신 것을 수고함으로 즐거워해요 … 16
1월 4째주 **피튜니아, 공부를 시작하다** 스스로 지혜롭다 여기는 사람은 어리석은 사람이에요 … 18
1월 5째주 **온 세상이 하얗게** 잘 들음으로 지혜를 얻어요 … 20

2월 1째주 **개미에게 배우는 부지런함** 부지런히 맡은 일을 감당해요 … 22
2월 2째주 **손 큰 할머니의 만두 만들기** 특별한 날, 가족과 이웃들이 함께 모여 나누며 즐거워해요 … 24
2월 3째주 **요술 항아리** 다른 사람의 것을 차지하려는 못된 마음을 미워해요 … 26
2월 4째주 **어쩌면…** 잘못된 것을 바라는 마음은 유혹에 빠지게 해요 … 28

3월 1째주 **당근 유치원** 하나님은 슬픔을 기쁨으로 바꾸어 주세요 … 30
3월 2째주 **모모와 토토** 친구의 말에 귀 기울여요 … 32
3월 3째주 **뿌리** 하나님은 나를 붙잡고 계세요 … 34
3월 4째주 **울보 나무** 하나님은 이웃과 함께 기뻐하고 슬퍼하기를 원하세요 … 36

4월 1째주 **심술쟁이 개구리** 내 마음만 생각하는 고집은 나와 친구를 슬프게 해요 … 38
4월 2째주 **길 아저씨 손 아저씨** 어려운 상황 속에서도 언제든지 남에게 베풀 수 있어요 … 40
4월 3째주 **엄마~~~아!** 나는 예수님이 자랑스러워요 … 42
4월 4째주 **예수님 이야기** 예수님이 우리를 위해 이 땅에 오셨어요 … 44
4월 5째주 **예수님이 다시 살아나셨어요** 예수님이 다시 살아나심을 기뻐해요 … 46

5월 1째주 **티치** 하나님은 모든 것을 쓰임에 맞게 만드셨어요 … 48
5월 2째주 **위대한 가족** 하나님은 우리 가정을 하나 되게 하세요 … 50
5월 3째주 **할아버지를 기쁘게 하는 12가지 방법** 하나님은 우리가 어른들을 공경하기 원하세요 … 52
5월 4째주 **딸기** 하나님이 주신 것은 모두 다 좋아요 … 54

6월 1째주 **우리는 벌거숭이 화가** 서로 해치거나 파괴하는 일이 없는 하나님 나라를 꿈꿔요 … 56
6월 2째주 **너처럼 나도** 하나님은 동물도 소중하게 여기기를 원하세요 … 58
6월 3째주 **너와 뽀뽀** 하나님이 동물들을 지혜로 만드셨어요 … 60
6월 4째주 **어니스트의 멋진 하루** 하나님이 주신 자연과 친구들로 인해 기뻐요 … 62

7월 1째주 고마워 친구야! 하나님은 서로를 위해 용기를 낼 수 있는 친구를 주셨어요 … 64

7월 2째주 느끼는 대로 하나님은 만족함을 느낄 수 있는 것을 많이 주셨어요 … 66

7월 3째주 비가 주룩주룩 하나님이 비를 주셔서 우리는 즐거움을 누릴 수 있어요 … 68

7월 4째주 안녕, 물! 하나님이 우리에게 필요한 물을 주셨어요 … 70

8월 1째주 수영장 가는 날 우리를 사랑하시는 하나님의 말씀을 듣고 따르면 두려움이 사라져요 … 72

8월 2째주 걱정 마, 꼬마 게야! 하나님과 함께라면 새로운 길로 갈 수 있어요 … 74

8월 3째주 수박 하나님은 아낌없이 베풀고 즐겨 나누라고 말씀하셨어요 … 76

8월 4째주 소피가 화나면, 정말 정말 화나면 마음을 잘 다스리는 지혜로운 사람이 되어요 … 78

8월 5째주 진짜 친구 친구의 실수를 이해하며 친구를 아껴 주어요 … 80

9월 1째주 그건 내 조끼야 좋은 때는 기뻐하고 어려운 때는 생각해요 … 82

9월 2째주 그건 내 거야! 주님의 길을 보고 깨닫는 지혜로운 사람이 되어요 … 84

9월 3째주 감자 이웃 하나님이 주신 마음과 물선을 함께 나누어요 … 86

9월 4째주 메리 하나님이 좋은 친구로 동물을 주셨어요 … 88

9월 5째주 나도 고양이야! 다르게 보여도 우리는 하나님 안에서 한 가족이에요 … 90

10월 1째주 손가락 아저씨 하나님이 주신 것에 감사하며 욕심부리지 않아요 … 92

10월 2째주 자꾸자꾸 초인종이 울리네 나누면 나눌수록 하나님이 넘치게 채워 주세요 … 94

10월 3째주 이 동네는 처음이라 하나님은 우리가 어려운 사람과 동물을 돌보기를 원하세요 … 96

10월 4째주 다니엘의 멋진 날 오늘 하루, 하나님이 주신 모든 것에 감사해요 … 98

11월 1째주 사계절 하나님이 봄, 여름, 가을, 겨울을 주셨어요 … 100

11월 2째주 사과가 하나 하나님은 같은 사랑으로 한마음이 되어 서로 기뻐하기를 원하세요 … 102

11월 3째주 조금 많이 소중한 것을 조금만 조금만 하다가 잃지 않도록 마음을 지켜요 … 104

11월 4째주 토끼의 의자 하나님은 기쁨으로 형편에 맞게 드리는 것을 좋아하세요 … 106

12월 1째주 황소 아저씨 가난한 사람에게 은혜를 베푸는 사람은 복이 있는 사람이에요 … 108

12월 2째주 하나의 작은 친절 우리의 착한 행실을 통해 하나님이 영광 받으세요 … 110

12월 3째주 아기 예수와 숫자 이야기 아기 예수님은 우리의 큰 기쁨이에요 … 112

12월 4째주 모두에게 배웠어 하나님은 하나님을 아는 지식을 채워 주세요 … 114

1월 1째주 — 우리는 주님의 집에서 만족해요

시작 기도

하나님 아버지, 오늘 이야기를 통해 주님의 집에 있는 것이 얼마나 행복한 것인지 알게 해주세요. 예수님의 이름으로 기도합니다. 아멘.

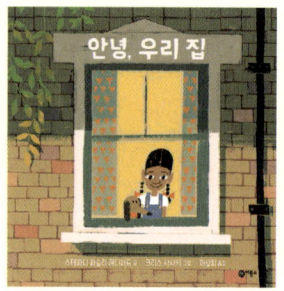

안녕, 우리 집

글 스테파니 파슬리 레디어드 / 그림 크리스 사사키 | **출판사** 비룡소

집은 현관문, 구석진 곳, 의자, 식탁이기도 하지만 꼭 껴안아 주는 포옹이고, 접시를 깨트렸을 때 함께 치워 주는 것이기도 해요. 집은 숨바꼭질도 하고 그림책을 보며 함께 밥을 먹기도 하는 등 온갖 좋은 것을 경험하는 곳입니다. 그런데 모든 것을 두고 새로운 곳으로 이사를 하게 되었습니다. 낯선 새집의 현관문 구석진 곳에 인사합니다. 변하지 않는 조각 이불, 함께 둘러앉은 사람들. 여기 새집에서 여전히 좋은 것으로 만족한 밤을 맞이합니다.

말씀

주님께서 택하시고 가까이 오게 하시어 주님의 뜰에 머물게 하신 그 사람은, 복이 있는 사람입니다. 그러므로 우리는, 주님의 집, 주님의 거룩한 성전에서 온갖 좋은 복으로 만족하렵니다. 시 65:4

나눔

'집' 하면 어떤 것이 떠오르니? (현관문, 방 등등) 그래 맞아. 물론 집은 보이는 것, 만져지는 것이기도 하지만, 함께하는 가족들이 포옹해 주는 것도, 접시를 깨트렸을 때 함께 치워 주는 것도 집이란다. 낯선 새집으로 이사 갔다고 해서 집이 변한 것이 아니야. 달라진 것도 있지만 여전히 변하지 않는 좋은 것들이 있었지. 어떤 것이었을까? (가족들, 이불 등) 집은 언제나 좋은 복으로 항상 우리 곁에 있어.

집이 먹고, 놀고, 서로 사랑하며 살아가는 행복한 곳인 것처럼 주님의 집도 이와 같단다. 하나님의 택함을 받은 백성들이 주님의 집에 나아와 기도하면 들어주시고, 죄를 고백하면 용서해 주시며, 주님의 집에 거하는 사람들에게 좋은 복을 허락해 주시지. 그래서 하나님은 주님의 집에 우리를 초대하셨어. 주님의 집은 단지 특정한 장소가 아니란다. 우리가 어디에 있든지 하나님을 찾고 구하는 곳이 바로 주님의 집이야. 그곳에서 하나님을 찾을 때 사랑이 많으신 하나님이 가장 좋은 것으로 채워 주신다는 걸 기억하자.

마무리 기도

하나님 아버지, 주님의 집 안에 있다는 것은 우리를 행복하게 하고, 따뜻하게 하며, 좋은 것을 경험하게 하는 것임을 알게 되었어요. 언제나 하나님의 집에 거하는 우리 가족이 되게 해주세요. 예수님의 이름으로 기도합니다. 아멘.

> 활동

1. 하나님의 집을 생각하며 점선을 따라 그려요.

- 해 - 하나님은 해처럼 따뜻하게 우리를 지켜봐 주세요.
- 나무 - 나무가 우리에게 산소와 열매와 그늘을 주는 것처럼 하나님은 우리에게 필요한 것을 주세요.
- 지붕 - 비가 오거나 눈이 올 때 지붕이 막아 주는 것처럼 하나님은 우리를 어려운 일에서 지켜 주세요.
- 벽 - 집안에서 가족들과 생활할 수 있는 것처럼 하나님은 사람들과 좋은 것을 누리게 해주세요.

2. 하나님의 집에서 좋은 것을 하는 모습을 그려 보세요. (예: 예배, 놀이, 동물 돌보기, 식탁 교제 등)

1월 2째주 — 하나님은 우리 마음을 지으셔서 다 아세요

시작 기도

하나님 아버지, 오늘 이야기를 통해 우리의 마음을 지으시고 다 아시는 하나님을 기억하게 해주세요. 예수님의 이름으로 기도합니다. 아멘.

오늘아, 안녕
글 김유진 / 그림 서현 | 출판사 창비

아이는 엄마와 함께 아침 식사를 하지 못해 서운했습니다. 유치원 가는 버스에서도 친구들과 말하지 않고 혼자서 창밖을 보았습니다. 멋있게 쌓기 놀이를 하는 친구들이 부럽기도 했고, 벌레를 만나 무섭기도 했습니다. 옥수수 싹이 커서 뿌듯하기도 했고, 넘어져서 다쳐 속상했는데 하늘을 보니 기분이 좋아지기도 했습니다. 무엇보다 내 이야기를 들어주고 공감해 주는 토닥이가 있어서 고마운 하루입니다.

말씀

주님은 사람의 마음을 지으신 분, 사람의 행위를 모두 아시는 분이시다. 시 33:15

나눔

아이는 오늘 하루 동안 많은 일들을 겪었어. 아이가 아침에 일어나서 밥을 먹을 때 기분이 어땠을 것 같아? (엄마랑 같이 먹고 싶은데 엄마가 빨리 나가서 서운했어) 바깥 놀이를 하면서 벌레를 봤을 때는 어땠어? (무서웠는데 안 무섭다고 이야기했어) 유치원에서 친구들과 심은 옥수수를 봤을 때는 어땠지? (자기 옥수수가 다른 아이들 것보다 커서 기분이 좋았어) 맞아. 그리고 친구들과 축구를 하다가 넘어져서 속상했는데, 집에 돌아올 때는 하늘을 보며 어떤 마음이 들었다고 했지? (하늘을 보면서 기분이 좋아졌다고 했어) 토닥이에게 고맙다고 이야기하는데 뭐가 고마운 걸까? (자기의 마음을 들어주고 알아줘서)

아이는 토닥이에게 오늘 하루를 어떻게 보냈는지 자세하게 이야기해 주었어. 토닥이는 아이 옆에 앉아서 아이의 이야기를 잘 경청(듣고)하고, 아이가 말할 때마다 공감해 주었단다. 마치 그 마음을 다 아는 것처럼 말이야. 우리에게도 토닥이와 같은 분이 있는데 바로 하나님이셔. 하나님은 우리가 어디에 있든지 함께하시고, 우리에 대해 모르는 것이 하나도 없으셔. 그 이유는 하나님이 우리의 마음을 지으셨기 때문이야. 하나님이 우리의 마음을 아시는 건 우리가 슬플 때 위로해 주시기 위해서고, 우리가 위험할 때 도와주시고 보호해 주시기 위함이지. 때로는 우리의 속상한 마음을 어루만지시고 칭찬도 해주시는 그 하나님은 우리의 생각과 마음을 듣고 싶어 하신단다. 오늘 하루 동안의 일들을 하나님께 솔직하게 이야기하는 우리가 되자.

마무리 기도

하나님 아버지, 우리가 슬플 때, 기쁠 때, 도움이 필요할 때 언제든지 우리 곁에 계셔서 토닥여 주신다는 사실을 알게 되었어요. 우리의 마음을 다 아시는 하나님께 늘 이야기하고 솔직해지는 우리가 되게 해주세요. 예수님의 이름으로 기도합니다. 아멘.

> 활동

* 오늘 하루 동안 어떤 일이 있었는지, 그때의 마음 표정을 골라 동그라미하고 이야기를 나누세요. 듣는 다른 가족들은 말하는 사람의 이야기에 경청하고 공감해 주세요.

* 오늘 우리가 서로의 이야기를 듣고 함께 공감해 주었던 것처럼 하나님도 우리의 마음을 다 알고 계시고, 공감해 주시며, 우리가 행복할 수 있도록 도와주신단다. 이러한 하나님이 우리 곁에 계심에 감사하자.

1월 3째주
하나님이 주신 것을 수고함으로 즐거워해요

> 시작 기도

하나님 아버지, 오늘 이야기를 통해 하나님이 주신 것을 어떻게 누려야 하는지 알게 해주세요. 예수님의 이름으로 기도합니다. 아멘.

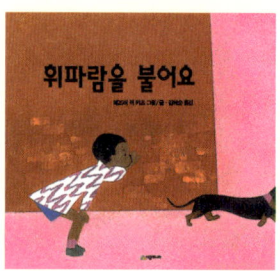

휘파람을 불어요
글·그림 에즈라 잭 키츠 | **출판사** 시공주니어

어느 날, 피터는 휘파람으로 강아지를 부르는 소년을 보았습니다. 휘파람을 불어 보려고 볼이 얼얼해질 때까지 애써 보지만 소용이 없습니다. 자리를 빙글 돌고, 상자 속에 숨고, 아빠 흉내를 하는 놀이를 하며 계속해서 휘파람을 불어 봅니다. 윌리가 오는 것을 보고 다시 휘파람을 부는 피터. 갑자기 진짜 휘파람 소리가 납니다.

> 말씀

하나님이 사람에게 부와 재산을 주셔서 누리게 하시며, 정해진 몫을 받게 하시며, 수고함으로써 즐거워하게 하신 것이니, 이 모두가 하나님이 사람에게 주신 선물이다. 전 5:19

> 나눔

피터는 왜 휘파람을 불고 싶어 했을까? (윌리가 휘파람 소리를 듣고 자기에게 찾아올 수 있도록 하고 싶어서) 피터는 얼마나 휘파람을 연습했지? (볼이 얼얼해질 때까지 많이 했어) 어떻게 휘파람을 불게 되었지? (열심히 연습했더니, 어느 순간 불게 되었어) 우와~ 얼마나 기뻤할까? (아주 많이)

하나님이 우리에게 주신 복에는 부와 재산만 있는 것이 아니야. 우리의 몸도, 무엇인가를 할 수 있는 능력이나 달란트도 우리에게 주신 복이지. 하지만 하나님이 주신 복을 그냥 가만히 가지고 있기만 한다면 하나님이 주신 충분한 복을 다 누릴 수 없단다. 피터가 하나님이 주신 입으로 휘파람을 불기 위해서 숨을 조절하고 생각날 때마다 연습해서 결국에는 휘파람을 불며 기쁨과 만족을 누릴 수 있었던 것처럼, 하나님이 주신 것으로 최선을 다해 수고할 때 비로소 그것을 하나님의 선물로 받을 수 있는 것이지. 우리도 하나님이 주신 많은 것들을 가지고 수고함으로 하나님이 주신 선물을 맘껏 누리도록 하자.

> 마무리 기도

하나님 아버지, 우리에게 주신 선물을 기쁨으로 받고 열심히 수고해서 행복해하는 우리 가족이 되게 해주세요. 예수님 이름으로 기도합니다. 아멘.

활동

* 노란색 빈칸에 하나님이 우리에게 주신 것을 그려 보세요.
  파란색 빈칸에 하나님이 주신 것을 어떻게 연습하고 수고할지 그려 보세요.
  주황색 빈칸에 그것을 어떻게 즐거워하며 누릴 수 있을지 그려 보세요.

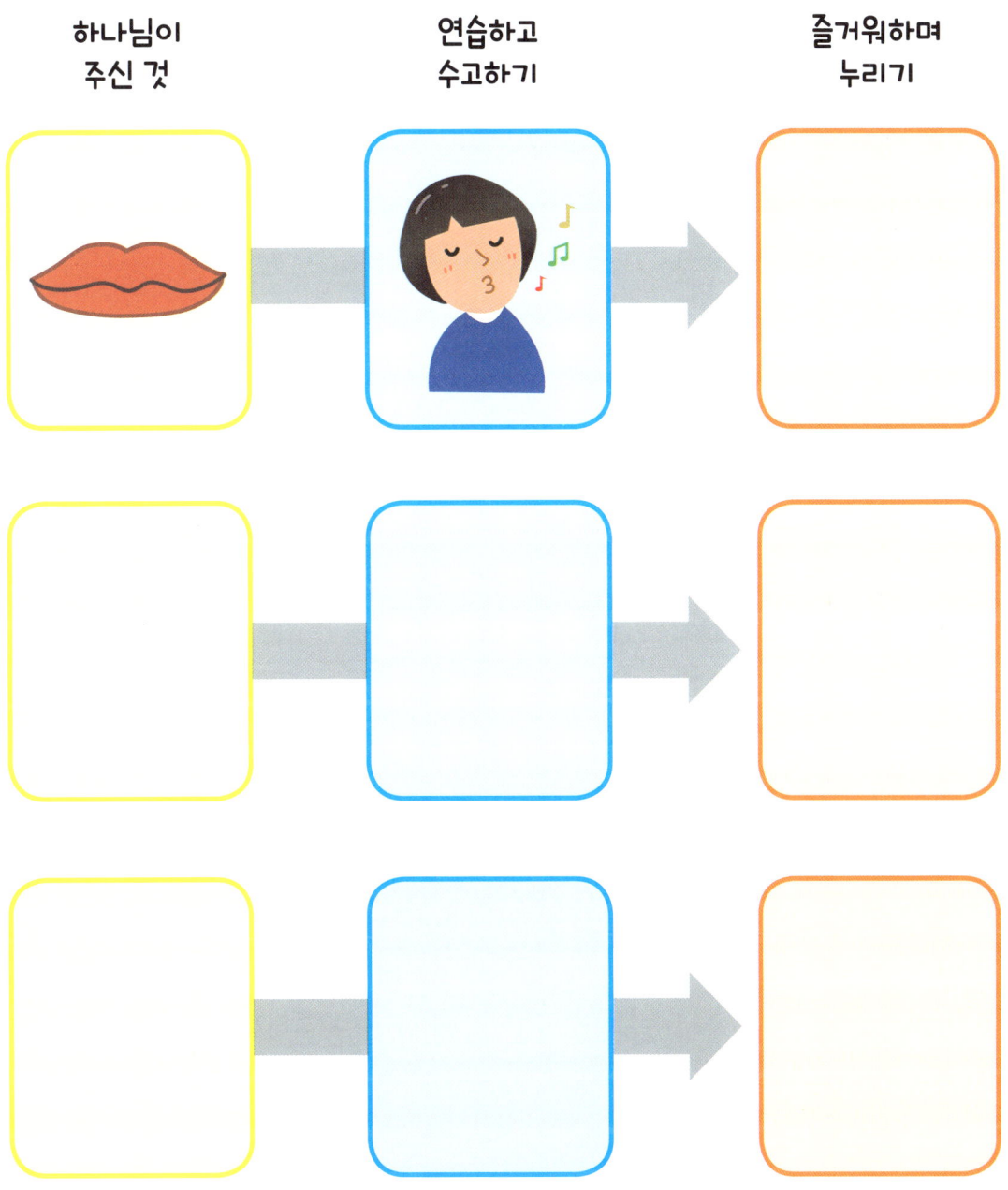

1월 4째주 — 스스로 지혜롭다 여기는 사람은 어리석은 사람이에요

시작 기도

하나님 아버지, 오늘 이야기를 통해 지혜가 무엇인지 알게 해주세요. 예수님의 이름으로 기도합니다. 아멘.

피튜니아, 공부를 시작하다

글·그림 로저 뒤바젱 | 출판사 시공주니어

우연히 책을 발견한 피튜니아는 책을 사랑하는 사람은 지혜롭다는 말을 듣고 어디든지 책을 가지고 다닙니다. 피튜니아는 책을 가지고 있는 것만으로 지혜로워진 줄 알고 점점 교만해집니다. 피튜니아가 정말 똑똑해졌다고 믿게 된 암소 클로버, 암탉 이다, 개 노이지, 말 스트로, 고양이 코튼이 피튜니아에게 도움을 청하지만, 피튜니아는 엉터리 답변으로 동물들을 절망에 빠트립니다. 폭죽 상자를 사탕이라고 읽은 척해서 모든 동물이 다치고 나서야 피튜니아는 자신이 지혜롭지 않다는 사실을 깨닫습니다. 그리고 지혜로워지기 위해 당장 읽는 법부터 배우기로 합니다.

말씀

어떤 사람이 아무것도 아니면서 무엇이 된 것처럼 생각하면, 그는 자기를 속이는 것입니다. 갈 6:3

나눔

책을 사랑하는 사람은 지혜롭다고 하는데 왜 그럴까? (책에는 지혜로운 내용이 담겨 있으니까) 그 이야기를 들은 피튜니아는 어떻게 했지? (책을 가지고만 다녔어) 책만 가지고 다니면 똑똑해질 거라고 생각한 피튜니아는 다른 동물들이 부탁하지 않은 것까지도 해결해 주려고 했어. 잘못된 피튜니아의 조언 때문에 다른 동물들이 어떻게 되었지? (다치고, 위험에 빠지고, 아파서 끙끙거리게 되었어) 그래서 피튜니아는 책을 가지고 다니는 것만으로는 지혜로워지지 않는다는 걸 깨달았지. 책을 가까이에 두면 지혜로워진다는 것은 책을 읽고 생각하고 마음에 둘 때 지혜로워진다는 의미란다.

자신은 아무것도 아니면서 무엇이 된 것처럼 생각하는 사람은 자신을 속이는 자라고 성경은 말했어. 자신을 속이는 사람은 잘못된 지혜로 자신도 어려움에 처하게 되고, 더 나아가서는 다른 사람들도 힘들게 할 수 있단다. 성경은 지혜의 책이라고도 하는데 성경 안에 있는 말씀들은 우리를 지혜롭게 해주지. 스스로 지혜롭다고 여기는 어리석은 사람이 되지 말고 지혜의 말씀인 성경을 계속 읽고 생각하고 마음에 두어서 진짜 지혜로운 사람이 되도록 하자.

마무리 기도

하나님 아버지, 성경 말씀을 늘 가까이하고 말씀대로 살아감으로 지혜로운 자가 되게 해주세요. 예수님의 이름으로 기도합니다. 아멘.

활동

* 가족끼리 성경에서 찾은 지혜의 말씀을 적어 보세요. 항상 말씀을 가까이에 두고 읽으며 묵상하는 지혜로운 가족이 되도록 노력해요.

성경에서 찾은 지혜의 말씀

잘 들음으로 지혜를 얻어요

1월 5째주

시작 기도
하나님 아버지, 오늘 이야기를 통해 훈계의 중요성을 알게 해주세요. 예수님의 이름으로 기도합니다. 아멘.

온 세상이 하얗게
글・그림 이석구 | **출판사** 고래 이야기

도나윤 씨 옆집에 한 할머니가 이사를 옵니다. 추운 곳에서 살던 할머니는 따뜻한 이곳을 좋아합니다. 할머니는 마을 사람들에게 이런저런 충고를 하지만 사람들은 잔소리라고 싫어합니다. 어느 날 마을에 눈이 내리고 모두가 추위에 떨 때 할머니는 기꺼이 자신이 가지고 있던 두꺼운 옷을 나눠 주고, 눈으로 할 수 있는 다양한 놀이를 알려 줍니다. 처음으로 맞이한 추위 속에서 마을 사람들도 서로를 돌보며 몸과 마음이 따뜻해집니다.

말씀
충고를 듣고 훈계를 받아들여라. 그리하면 마침내 지혜롭게 된다. 잠 19:20

나눔
마을 사람들은 할머니가 하는 말을 잔소리로 생각했어. 사람들이 다니는 곳에 물건을 두면 안 된다는 할머니의 말은 쓸데없이 참견하는 잔소리일까, 아니면 잘못하지 않도록 깨닫게 해주는 훈계일까? (길에 물건을 두면 사람들이 다칠 수 있기 때문에 이 이야기는 훈계지) 그런데도 사람들은 할머니의 이야기를 들은 척만 척했어. 그러던 어느 날 엄청난 눈이 내렸어. 처음 경험한 추위와 눈 때문에 어찌할 바를 모르는 사람들에게 할머니는 어떻게 했지? (가지고 있는 따뜻한 옷들을 나눠 주고 눈으로 놀이하는 법을 알려 주었어) 만약 할머니가 안 계셨다면 마을 사람들은 어떻게 되었을까? (추위 때문에 감기 걸리거나 어떻게 해야 할지 몰라서 당황했을 것 같아)

이처럼 할머니의 충고를 듣고 훈계를 받아들였을 때 마을 사람들은 위기를 이겨내는 지혜를 갖게 되었단다. 우리도 다른 사람의 충고나 훈계를 잔소리로 생각하며 듣지 않으려고 할 때가 있어. 하지만 잠언 말씀은 충고를 듣고 훈계를 받아들일 때 지혜를 얻을 수 있다고 말하고 있단다. 우리도 하나님과 사람들의 이야기를 잘 들어 지혜를 얻도록 하자.

마무리 기도
하나님 아버지, 언제나 하나님의 말씀에 귀를 기울임으로 지혜를 얻는 우리가 되게 해주세요. 예수님의 이름으로 기도합니다. 아멘.

활동

* 나는 하나님과 부모님의 말씀을 잘 따르고 있나요? 다음 훈계를 듣고 '네'라고 순종하며 도착 지점까지 따라가 보세요.

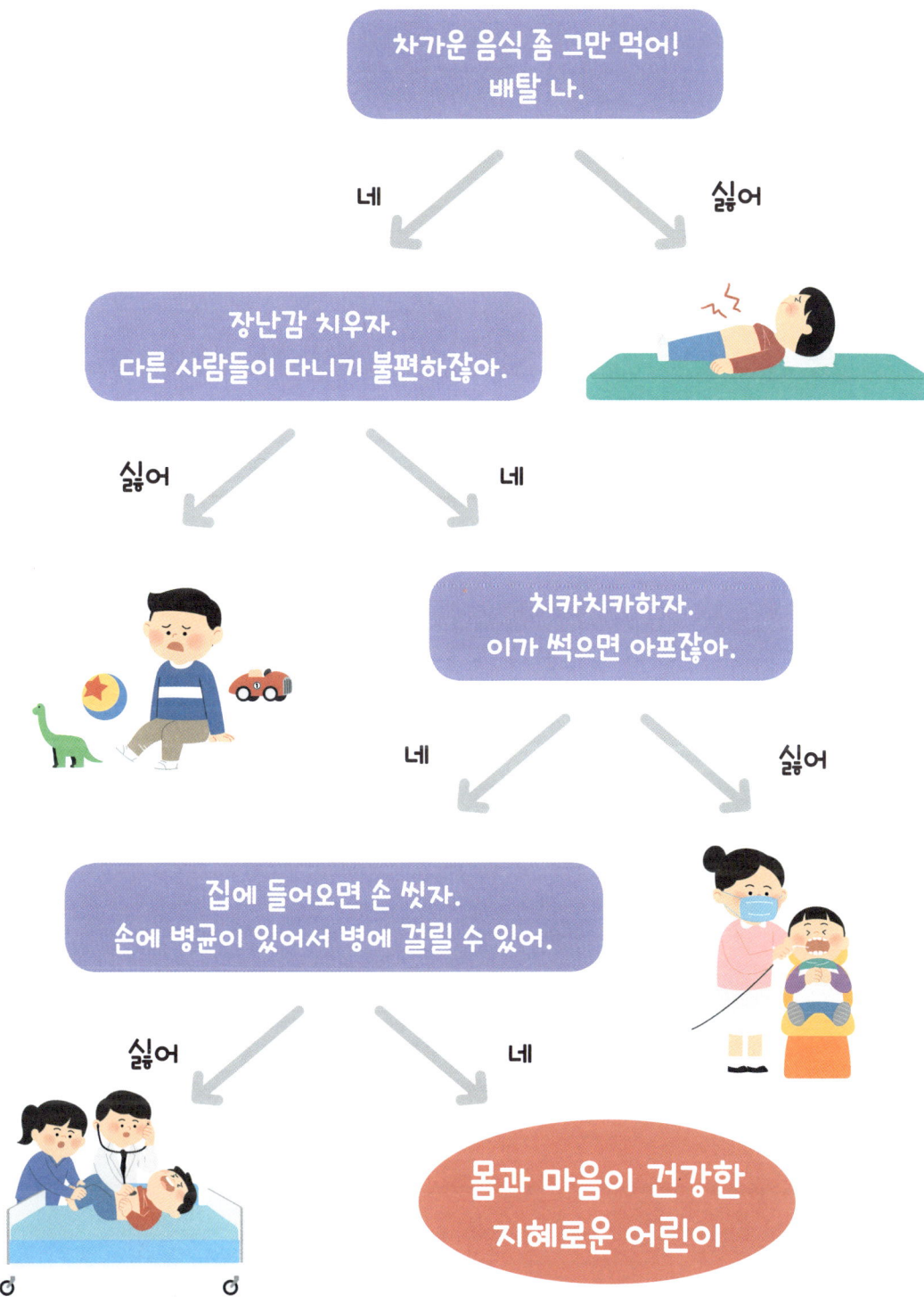

2월 1째주 — 부지런히 맡은 일을 감당해요

시작 기도

하나님 아버지, 오늘 이야기를 통해 부지런함을 알게 해주세요. 예수님의 이름으로 기도합니다. 아멘.

개미에게 배우는 부지런함

글 최재천 / 그림 박상현 | **출판사** 리잼

공주개미는 알을 낳는 여왕개미가 되기에 몸집이 크고 날개가 있습니다. 일개미는 날개가 없기에 가슴이 작지만 개미 제국의 훌륭한 일꾼입니다. 어린 일개미는 여왕개미의 알을 받고 애벌레를 돌보는 일을 합니다. 어른 일개미는 알을 낳기 위한 개미집을 짓고, 먹이를 구하고, 공격해 오는 다른 동물들로부터 집을 지키는 일을 합니다. 개미들은 모두 부지런히 일합니다.

말씀

게으른 사람아, 개미에게 가서, 그들이 사는 것을 살펴보고 지혜를 얻어라. 잠 6:6

나눔

개미 나라에는 훌륭한 일꾼이 있어. 그게 누구였을까? (일개미) 일개미는 번데기에서 나오자마자 개미나라에서는 무슨 일을 했지? (알을 먹이고 씻기는 일들을 했어) 맞아, 더 큰 어른 일개미가 되면 어떤 일들을 하게 되지? (개미집을 만들고, 먹이를 구해 오고, 다른 나라 개미를 만나면 집을 지키는 일을 해) 이처럼 개미 나라가 잘 이루어지도록 하기 위해서 개미들은 서로 나누어서 일을 한단다.

왜 성경은 게으른 사람들에게 개미가 사는 것을 보고 지혜를 얻으라고 했을까? 개미는 열심과 성실을 상징하는 대표적인 곤충이란다. 개미에게는 두드러진 특징이 하나 있는데, 그것은 감독하는 자가 없다는 거야. 그 이유는 개미는 각자의 역할에 최선을 다하기 때문이지. 사람들이 일을 나누고 서로 도우며 살아가듯이, 개미도 사람처럼 일을 나누며 살아간단다. 여왕개미는 알을 낳고, 어린 일개미는 번데기와 애벌레를 돌보고, 어른 일개미는 땅을 파고 개미집을 넓히는 일을 하지. 이처럼 개미들은 각자 맡은 역할에 최선을 다하며 다 함께 개미 나라를 세워 가고 있어. '내가 안 해도 누군가가 하겠지'와 같은 태도로 게으른 사람들을 따라 하기보다는, 각자 자기의 자리에서 부지런히 맡은 일을 하는 우리 가족이 되자.

마무리 기도

하나님 아버지, 개미처럼 자신의 일을 잘 찾고 부지런히 행할 수 있는 우리 모두가 되게 해주세요. 예수님의 이름으로 기도합니다. 아멘.

활동

* 우리 가족이 집에서 각자 부지런하게 해야 하는 일은 무엇인지 모두 적어 보세요.
  (예: 아이 - 물건을 잘 정리해요)

2월 2째주

특별한 날, 가족과 이웃들이 함께 모여 나누며 즐거워해요

시작 기도

하나님 아버지, 오늘 이야기를 통해 진정한 기쁨이 무엇인지 알게 해주세요. 예수님의 이름으로 기도합니다. 아멘.

손 큰 할머니의 만두 만들기

글 채인선 / 그림 이억배 | 출판사 재미마주

무엇을 하든지 엄청 많이 엄청 크게 하는 할머니가 있습니다. 해마다 설날이면 할머니는 숲속 동물 모두 배불리 먹고도 남을 만큼 만두를 만듭니다. 올해도 손 큰 할머니는 김치, 숙주, 두부, 버섯 등의 재료를 준비하고, 헛간 지붕으로 쓰던 함지박을 끌어와 그 속에 만두소를 넣고, 만두피는 소나무 숲까지 밀려갈 정도로 크게 만듭니다. 이제 동물 가족들이 모두 모여 이레 동안 만두를 빚습니다. 그래도 만두소가 남자, 세상에서 제일 큰 만두를 만들고 설날 아침 함께 나누어 먹습니다.

말씀

당신들은 이 절기에 당신들과 당신들의 아들과 딸과 남종과 여종과 성 안에서 같이 사는 레위 사람과 떠돌이와 고아와 과부까지도 함께 즐거워해야 합니다. 신 16:14

나눔

할머니는 손이 크시다는데, 손이 크다는 건 무슨 뜻일까? (무얼 하면 엄청 많이 한다는 뜻이야) 왜 어린 동물들이 할머니 집 부엌에 와 있는 걸까? (만두 만드는 걸 기대하며 왔어) 만두 속을 준비하는 할머니와 동물들은 기분이 어때 보여? (즐거워 보여) 세상에서 제일 큰 만두는 어떻게 만들었지? (모두가 힘을 합해서) 할머니와 동물들이 가장 행복했을 때가 언제였을까? (큰 만두를 같이 먹을 때)

우리나라의 가장 큰 명절이 설날과 추석이듯이, 이스라엘에는 3개의 큰 명절, 즉 유월절과 오순절과 초막절이 있어. 그중에서 오늘 말씀에 나온 배경은 초막절인데, 초막절은 이집트를 탈출한 이스라엘 사람들이 40년 동안 광야에서 텐트 생활한 것을 기념하기 위한 절기란다. 이날은 당시 약자였던 종들과 경제적으로 어려운 사람들, 고아와 과부들도 함께 즐거워하도록 했어. 마치 명절에 손 큰 할머니뿐만 아니라 많은 동물들이 함께 모여서 만두를 빚고 먹으면서 즐거워했던 것처럼 말이지. 우리도 이번 명절에는 가족들과 주변 이웃들과 함께 나누고 기뻐하도록 하자.

마무리 기도

하나님 아버지, 주변 이웃들을 돌아보고 나눔으로 함께 기뻐하는 우리가 되게 해주세요. 예수님의 이름으로 기도합니다. 아멘.

활동

* 특별한 날(명절)에 가족과 이웃들과 함께 나누어 먹고 싶은 음식을 접시 위에 그려 보세요.

2월 3째주 — 다른 사람의 것을 차지하려는 못된 마음을 미워해요

시작 기도

하나님 아버지, 오늘 이야기를 통해 우리가 어떤 마음을 품고 살아야 하는지 알게 해주세요. 예수님의 이름으로 기도합니다. 아멘.

요술 항아리
글·그림 이수아 | **출판사** 비룡소

한 농부가 밭을 갈다가 무엇이든지 넣으면 똑같은 것이 나오는 신기한 항아리를 발견합니다. 그 밭의 예전 주인이었던 욕심쟁이 부자는 자신은 항아리가 나온 밭을 판 것이지 항아리를 판 것이 아니라는 억지를 부려 항아리를 빼앗습니다. 욕심쟁이 부자는 누가 볼까 문을 닫고 이것저것 넣어 보며 좋아하다 지쳐 잠이 듭니다. 부자만큼 욕심 많은 부자 아버지가 무엇을 하나 궁금해하다 항아리 속에 들어가게 되고, 수많은 아버지들이 나와 싸우다 항아리는 깨지고 맙니다.

말씀

악한 일을 하는 데는 이력이 난 사람들이다. 모두가 탐욕스러운 관리, 돈에 매수된 재판관, 사리사욕을 채우는 권력자뿐이다. 모두들 서로 공모한다. 미 7:3

나눔

이 이야기 속에는 어떤 항아리가 나오지? (무엇이든 넣으면 똑같은 것이 계속 나오는 요술 항아리) 부자 영감은 요술 항아리가 없어도 잘 살 수 있는 사람인데 농부의 항아리를 왜 빼앗았을까? (더 가지고 싶은 욕심 때문에) 뭐라고 하며 항아리를 빼앗았지? (밭만 팔았지 항아리는 판 것이 아니라면서) 맞아, 자신의 욕심을 숨기고 거짓말까지 하면서 항아리를 빼앗았지.

미가는 하나님의 말씀을 이스라엘 사람들에게 전했던 선지자란다. 미가가 살았던 시대에 이스라엘 백성들은 하나님을 떠나 자신의 욕심대로 살아가고 있었어. 게다가 지도자들은 백성들의 어려움을 돌보고, 공평하게 사람들을 대해야 하는 책임과 소명이 있음에도 불구하고, 자기가 가진 힘을 이용해서 다른 이들의 것을 빼앗았지. 마치 부자 영감이 요술 항아리를 욕심내서 빼앗았던 것처럼 말이야. 남의 것을 빼앗고자 하는 탐욕의 마음은 하나님이 기뻐하지 않으신단다. 오히려 어려운 자들을 돌보고 모두가 함께 잘살 수 있는 환경을 만들어 가길 원하시지. 우리도 다른 사람의 것을 차지하려는 탐욕의 마음을 버리고, 자기의 것으로 만족해하는 사람이 되도록 하자.

마무리 기도

하나님 아버지, 다른 사람의 것을 빼앗으려는 욕심을 버리고, 있는 것에 만족해하며, 자신의 것을 나눌 수 있는 우리가 되게 해주세요. 예수님의 이름으로 기도합니다. 아멘.

활동

* 친구에게 멋진 장난감이 생겼을 때 나는 어떤 마음이 생기는지 선을 따라가 보세요.

2월 4째주 — 잘못된 것을 바라는 마음은 유혹에 빠지게 해요

시작 기도

하나님 아버지, 오늘 이야기를 통해 우리의 마음을 유혹하는 것이 무엇인지 생각해 볼 수 있게 해주세요. 예수님의 이름으로 기도합니다. 아멘.

어쩌면…

글·그림 크리스 호튼 | **출판사** 비룡소

엄마 원숭이가 외출하며 망고나무 근처에 무서운 호랑이가 나오니 얼씬도 하지 말라고 합니다. 망고를 좋아하는 아기 원숭이들은 아쉬워하다 슬쩍 보기만 하는 건 괜찮을 거라며 망고나무에 갑니다. 호랑이가 보이지 않자 조금 더 아래로 내려가고, 하나만 따는 건 괜찮아 보입니다. 얼른 망고 하나를 따서 먹고 나니 한 개 더 먹고 싶은 마음에 땅바닥까지 내려가 망고를 먹습니다. 그때 호랑이가 나타나고 원숭이는 도망갑니다.

말씀

그러나 부자가 되기를 원하는 사람은, 유혹과 올무와 여러 가지 어리석고도 해로운 욕심에 떨어집니다. 이런 것들은 사람을 파멸과 멸망에 빠뜨립니다. 딤전 6:9

나눔

어른 원숭이는 왜 아기 원숭이에게 망고나무 근처에 가지 말라고 했을까? (위험한 호랑이가 있었기 때문에) 그렇다면 아기 원숭이가 안전하게 망고를 먹을 수 있는 방법은 무엇일까? (어른 원숭이와 함께 가거나 어른 원숭이가 따오는 망고를 먹으면 되지) 맞아, 그런 안전한 방법도 있었지만 지금 당장 먹고 싶은 마음 때문에 아기 원숭이는 어른 원숭이의 말을 무시했어. '이 정도면 괜찮을 거야' 하는 유혹에 빠지게 된 거야. 보기만 하면, 조금만 내려가면, 한 개만 먹으면, 또 한 개만 먹으면 괜찮을 거라고 계속 생각하며 결국 호랑이들이 있는 땅까지 내려갔지. 아기 원숭이들은 괜찮을 거라고 생각했는데, 정말 그랬을까? 호랑이는 정말 없었을까? (아기 원숭이들이 보지 못해서 그렇지 처음부터 있었어)

아기 원숭이는 망고를 좋아했어. 맛을 보았기 때문에 더 먹고 싶었을 거야. 좋아하는 것을 할 수 있거나, 먹는 것은 행복한 일이지. 하지만 당장의 기쁨을 얻으려다 생명을 잃게 된다면 정말 행복한 일일까? 안전을 생각하지 않고 당장 원하는 마음으로 인해 조금만 더, 혹은 이 정도까지는 괜찮을 거라 생각하게 되는 것이 바로 유혹이야. 이러한 유혹으로 인해 아기 원숭이는 호랑이에게 잡아먹힐 뻔한 아찔한 상황에 놓이게 되었지. 이처럼 잘못된 것을 바라는 마음을 가지고 있으면 유혹에 쉽게 빠져 결국 큰 어려움에 처하게 된단다. 우리의 마음을 잘 살펴서 유혹에 빠지지 않도록 하자.

마무리 기도

하나님 아버지, 잘못된 것을 바라는 마음으로 유혹에 빠지는 어리석은 사람이 되지 않게 해주세요. 예수님의 이름으로 기도합니다. 아멘.

활동

* 가족과 함께 주사위를 굴려서 안전하게 망고를 먹는 게임을 해봐요. 단, 회색 망고에 걸리면 1회 쉽니다.

3월 1째주 — 하나님은 슬픔을 기쁨으로 바꾸어 주세요

시작 기도

하나님 아버지, 오늘 이야기를 통해 마음이 슬플 때 기쁠 수 있는 이유가 무엇인지 알게 해주세요. 예수님의 이름으로 기도합니다. 아멘.

당근 유치원
글·그림 안녕달 | 출판사 창비

당근 유치원에 다니게 된 토끼는 모든 것이 어색합니다. 덩치 큰 곰 선생님은 목소리만 크고 힘만 센 것 같아 싫습니다. 하지만 곰 선생님은 내가 만든 작품을 칭찬해 주고, 바지에 똥을 눈 것이 부끄러워 거짓말해도 속아 주십니다. 이제는 목소리가 크고 힘이 센 선생님이 너무 좋아 당근 유치원 가는 시간이 기다려지고 선생님과 결혼하고 싶습니다.

말씀

주님께서는 내 통곡을 기쁨의 춤으로 바꾸어 주셨습니다. 나에게서 슬픔의 상복을 벗기시고, 기쁨의 나들이옷을 갈아입히셨기에 내 영혼이 잠잠할 수 없어서, 주님을 찬양하렵니다. 주, 나의 하나님, 내가 영원토록 주님께 감사를 드리렵니다. 시 30:11-12

나눔

처음에 토끼는 당근 유치원을 어떻게 생각했지? (어색하고 싫어했어, 선생님도 싫고 유치원에 가는 것도 싫어했어) 그랬던 토끼가 어떻게 바뀌었을까? (유치원 가기를 기다렸어, 선생님이 너무 좋아져서 선생님과 결혼하겠다고 했어) 당근 유치원 생활이 행복할 수 있었던 이유는 무엇일까? (선생님이 토끼의 부끄러움을 가려 주셨어, 선생님이 토끼의 작품을 칭찬해 주셨어)

다윗은 왕이었지만, 항상 행복했던 것은 아니란다. 다른 사람들과 똑같이 수많은 고통과 아픔을 겪었지. 그럼에도 불구하고 다윗이 기뻐하고 감사할 수 있었던 이유는 바로 눈앞에 있는 상황만 생각하지 않았기 때문이야. 다윗은 하나님이 앞으로 회복시켜 주실 것이라는 믿음이 있었어. 그래서 춤을 추고 찬양을 부를 수 있었던 거란다. 토끼의 첫 유치원 생활은 행복하지 않았어. 모든 게 처음이라 어색하고 불편했지. 하지만 곰 선생님을 통해 토끼는 유치원에 잘 적응하고 기뻐하게 되었어. 이처럼 하나님은 여러 사람들을 통로로 사용하여 우리를 돌봐 주시고 우리의 슬픔을 기쁨으로 바꿔 주신단다. 그 하나님을 의지하며 살아가는 우리가 되도록 하자.

마무리 기도

하나님 아버지, 우리의 마음이 슬프거나 어려울 때, 하나님이 우리 곁에 있음을 기억하며 오히려 기뻐할 수 있게 해주세요. 예수님의 이름으로 기도합니다. 아멘.

활동

* 힘이 세고 목소리가 큰 선생님의 모습은 똑같았어요. 그런 선생님을 바라보는 토끼의 마음은 어떻게 달라졌는지 표정을 그려 보고 마음의 옷을 입혀 주세요.

* 하나님께서 슬픔의 상복을 벗기시고 기쁨의 나들이옷을 우리에게 입혀 주신 것처럼, 선생님에 대해 불만이 많던 토끼의 마음의 옷과 선생님의 따뜻함과 사랑을 알아차리게 된 토끼의 달라진 마음의 옷을 입혀 보세요.

3월 2째주 — 친구의 말에 귀 기울여요

시작 기도

하나님 아버지, 오늘 이야기를 통해 나와 다른 친구들을 어떻게 대하는 것이 지혜로운 것인지 알게 해주세요. 예수님의 이름으로 기도합니다. 아멘.

모모와 토토

글·그림 김슬기 | **출판사** 보림

바나나 우유와 야구를 좋아하는 모모와 당근 수프와 그림 그리는 걸 좋아하는 토토는 단짝 친구입니다. 모모는 자신이 좋아하는 풍선, 장난감, 꽃 등을 토토에게 줍니다. 하지만 토토가 좋아하는 것이 무엇인지 보거나 듣지 않습니다. 토토를 좋아한다며 선물을 주었지만 토토는 행복하지 않습니다. 토토는 자신의 마음을 몰라주는 모모에게 절교의 쪽지를 남기고 사라집니다. 모모는 토토가 남긴 쪽지를 보며 토토가 좋아하는 것을 찾아 화해를 청합니다.

말씀

어리석은 사람은 자신의 행실만이 옳다고 여기지만, 지혜로운 사람은 충고에 귀를 기울인다. 잠 12:15

나눔

모모는 토토에게 노란 풍선과 노란 장난감과 노란 모자와 노란 우산을 주었어. 왜 그랬을까? (토토를 좋아했기 때문이야) 그런데 왜 토토는 모모가 준 것들 때문에 화가 났지? (토토의 생각은 물어보지 않고 모모가 좋아하는 것만 토토에게 주었기 때문이야) 모모는 토토가 화가 난 이유를 어떻게 알게 되었지? (토토가 남긴 쪽지를 보고 알게 되었어) 모모는 토토가 좋아하는 주황색 꽃을 주며 화해를 청하지. 그때 주황색 꽃을 받은 모모는 토토에게 고맙다고 이야기를 해. 모모가 토토의 쪽지를 보고 고민하며 모모의 마음에 귀 기울였기 때문이지.

모모처럼 자신의 마음만 앞세워 다른 사람의 마음을 헤아리지 못하는 모습을 성경은 어리석다고 말하고 있단다. 어리석은 사람은 다른 사람의 말에 귀 기울이지 않고 자신의 생각만 옳다고 여기지. 그래서 하나님은 다른 사람의 말을 듣고 행동할 수 있는 사람이 지혜로운 사람이라고 알려 주셨어. 다른 사람에 대해 열린 마음을 가지고 그 사람이 원하는 방식으로 사랑할 수 있는 우리가 되도록 하자.

마무리 기도

하나님 아버지, 내 생각만 앞세우기보다 친구의 마음을 먼저 생각하고, 다른 사람들의 이야기에 늘 귀 기울일 수 있도록 도와주세요. 예수님의 이름으로 기도합니다. 아멘.

활동

* 가족들이 좋아하는 것에 대해 나누어 보고, 각각 주제에 맞게 그림 위에 적어 보세요.

3월 3째주
하나님은 나를 붙잡고 계세요

시작 기도

하나님 아버지, 오늘 이야기를 통해 하나님이 우리를 어떻게 사랑하시는지 알게 해주세요. 예수님의 이름으로 기도합니다. 아멘.

뿌리
글·그림 히라야마 카즈코 | **출판사** 베틀북

작은 풀에서부터 커다란 나무까지 뽑히지 않도록 붙잡고 있는 것은 뿌리입니다. 풀과 나무를 떠받쳐 주고 있는 것도 뿌리입니다. 뿌리는 물과 영양분을 빨아들여 풀과 나무를 자라게 합니다. 추운 겨울에도 뿌리 속에 영양분을 모아 풀과 나무가 자라도록 합니다.

말씀

그대는 본래의 가지들을 향하여 우쭐대지 말아야 합니다. 비록 그대가 우쭐댈지라도, 그대가 뿌리를 지탱하는 것이 아니라, 뿌리가 그대를 지탱한다는 것을 명심해야 합니다. 롬 11:18

나눔

너도 이 아이처럼 풀을 뽑아 본 적이 있니? (뿌리와 관련된 경험들 나누기) 만약 풀과 나무에게 뿌리가 없다면 어떻게 될까? (바람이 불면 금방 쓰러질 거야. 또 영양분이 없어서 자랄 수 없게 되겠지) 풀과 나무를 지탱해 주고 자라게 하는 것은 보이지 않았던 뿌리였단다.

우리에게도 뿌리와 같은 분이 있는데, 그분은 누구일까? (하나님) 그래 맞아, 하나님과 뿌리는 닮은 점이 많이 있단다. 그게 무엇일까? (보이지 않아요, 붙잡고 있어요, 물과 영양분을 줘요, 어디서든지 함께 있어요 등) 우리의 뿌리는 하나님이란다. 하나님은 보이지 않지만, 우리가 자랄 수 있도록 도와주시지. 또 힘들고 어려운 일이 있을 때마다 꼭 붙잡아 주시고, 언제 어디서나 우리와 함께하신단다.

마무리 기도

하나님 아버지, 언제나 우리가 자랄 수 있도록 도와주시고 지켜주시는 하나님을 기억하고 감사하며 살게 해주세요. 예수님의 이름으로 기도합니다. 아멘.

> 활동

1. 손을 들고 있는 나를 꾸며 주세요.
2. 나의 뿌리가 되시는 하나님을 다양한 방법으로 연결해 주세요.
   (색연필로 연결하거나, 물감을 그림의 발바닥 부분에 떨어뜨리고 빨대나 입으로 불어 연결하거나,
   실 또는 막대를 이용하여 연결할 수 있습니다)

붙잡고 계시는 하나님

먹을 것과 가족을 주시는 하나님

자라게 도우시는 하나님

어디서든 함께하시는 하나님

3월 4째주 | 하나님은 이웃과 함께 기뻐하고 슬퍼하기를 원하세요

시작 기도

하나님 아버지, 오늘 이야기를 통해 어떤 친구가 좋은 친구인지 알게 해주세요. 예수님의 이름으로 기도합니다. 아멘.

울보 나무
글 카토 요코 / 그림 미야니시 타츠야 | **출판사** 한림출판사

싸워서, 혼나서, 넘어져서 우는 아기 돼지가 있었습니다. 울고 있던 어느 날, 날마다 우는 돼지를 보며 해줄 있는 것이 없어 울고 있는 나무를 만납니다. 나무가 우는 것을 보며 돼지의 눈물이 쏙 들어가 버리고 그렇게 둘은 친구가 되었습니다. 눈이 내리는 날 잠이 든 돼지를 위해 나뭇잎을 모조리 떨어트려 돼지를 지켜준 나무는 더 이상 대답하지 않았습니다. 새잎이 난 나무는 이야기를 하지도 않고, 울지도 않지만, 아기 돼지는 마음으로 나무와 이야기를 나눕니다.

말씀

기뻐하는 사람들과 함께 기뻐하고, 우는 사람들과 함께 우십시오. 롬 12:15

나눔

힘들 때마다 우는 아기 돼지를 항상 바라보고 있던 나무가 있다는 사실을 안 아기 돼지는 어땠을까? (내 마음을 알아주는 존재가 있어서 행복했을 것 같아) 아기 돼지는 왜 나무를 계속 찾아갔을까? (자기의 마음을 알아줘서) 나를 대신해서 울어 주는 나무를 보며 아기 돼지의 마음은 괜찮아졌어. 처음보다 자신의 마음을 더 단단하게 만들어 가게 되었지. 혹시 너에게도 이런 친구가 있니?

예수님을 믿는 그리스도인들은 다른 사람의 기쁨과 슬픔을 모른 척하지 않고, 그들과 같은 마음으로 함께 기뻐하고 함께 즐거워한단다. 같은 마음을 갖는다는 것은 상대방의 상황과 마음에 공감한다는 뜻이야. 마치 아기 돼지를 바라보는 나무처럼 말이야. 나무는 아기 돼지가 겪는 슬픔에 함께 울었고, 아기 돼지를 위해 아무것도 할 수 없다는 마음에 또 울었지. 아기 돼지는 자신의 마음을 알아주는 나무를 자주 찾아가게 되었어. 이처럼 나를 위해 함께 울고 웃어 주는 사람이 있다면 얼마나 행복할까? 우리에게 그런 분이 있어. 바로 예수님이야. 또한 엄마 아빠도 있고, 주변에 좋은 분들도 많이 있단다. 이젠 우리도 다른 이들과 함께 기뻐하고, 함께 울 수 있는 사람이 되도록 하자.

마무리 기도

하나님 아버지, 함께 시간을 갖고 함께 아파하고 함께 기뻐할 수 있는 친구가 되게 해주세요. 예수님의 이름으로 기도합니다. 아멘.

활동

* 오늘 하루 있었던 일을 가족과 함께 나누어 보세요. 그리고 울보 나무처럼 함께 기뻐하고 울어 줄 수 있는 일을 적어 보세요.

4월 1째주 — 내 마음만 생각하는 고집은 나와 친구를 슬프게 해요

시작 기도

하나님 아버지, 오늘 이야기를 통해 무엇이 우리를 슬프게 하는지 알게 해주세요. 예수님의 이름으로 기도합니다. 아멘.

심술쟁이 개구리
글·그림 에드 비어 | 출판사 국민서관

초록색을 좋아하고 폴짝폴짝 뛰는 것을 좋아하는 개구리가 있습니다. 그런데 개구리는 초록색이 아닌 다른 색은 싫어하고, 친구들과 뛰기 놀이를 할 때 일등이 아니면 화를 냅니다. 자기가 좋아하는 놀이와 색깔이 아니면 다른 것도 하지 않으니 친구들이 모두 떠나고 맙니다. 분홍토끼가 다가와 친구하자고 말하지만, 개구리는 초록색 친구를 원한다며 못된 말을 합니다. 그러다 개구리는 악어에게 잡아먹히고, 악어 입 속에서 자신의 모습을 반성합니다. 개구리는 친구들에게 사과를 하고 싶다며 밖으로 내보내 달라고 악어에게 부탁을 합니다. 심술쟁이 개구리만 잡아먹는 악어는 개구리를 밖으로 보내 줍니다.

말씀

책망을 자주 받으면서도 고집만 부리는 사람은, 갑자기 무너져서 회복하지 못한다. 잠 29:1

나눔

심술쟁이 개구리는 어떤 개구리였어? (자기만 생각하고 고집을 부리는 개구리였어) 심술부릴 때 개구리의 마음은 어땠어? (모두가 마음에 들지 않아서 슬펐어) 개구리의 심술 때문에 친구들의 마음은 어땠을까? (같이 놀고 싶지 않아, 슬퍼서 눈물이 났어) 심술쟁이 개구리는 잘못을 어떻게 깨달았지? (악어에게 잡아먹히고 나서 자기 행동을 잘 생각하다가 자신이 심술을 부린 것을 알게 되었어)

심술쟁이란 자기 생각만 하면서 고집을 부리는 사람을 말해. 마치 심술쟁이 개구리가 자기가 원하는 색깔과 놀이만 고집했던 것처럼 말이지. 심술쟁이 개구리처럼 끝까지 심술부리다 보면 친구들도 떠나고, 자기도 행복해지지 않게 된단다. 이스라엘 백성들도 하나님의 말씀에 순종하지 않고 자기 마음대로 고집을 피우다가 하나님의 마음을 아프게 했어. 하지만 자신의 잘못을 인정하고 돌이킬 때 하나님은 용서해 주셨지. 마치 심술쟁이 개구리가 악어 입 속에서 자신의 모습을 돌아보고 반성하자 악어가 개구리를 살려 준 것처럼 말이야. 개구리는 그 이후로 친구들에게 용서를 구하고 친구들과 함께 행복한 시간을 보냈단다. 우리도 자기 생각만 하는 고집을 버리고, 다른 사람을 생각하는 마음을 갖도록 하자.

마무리 기도

하나님 아버지, 자기 생각만 하는 고집을 버리고, 다른 사람을 생각하고 행동하는 우리가 되게 해주세요. 예수님의 이름으로 기도합니다. 아멘.

활동

* 심술쟁이 개구리에게 나는 무슨 이야기를 해줄까요?

나는 다른 놀이는 하고 싶지 않아! 내가 좋아하는 놀이만 하자!

나는 1등을 못하면 화가 나! 내가 1등할 거야!!

왜 모든 것이 초록색이 아닌거야?

왜 아무도 나랑 폴짝폴짝 뛰지 않지?

4월 2째주 — 어려운 상황 속에서도 언제든지 남에게 베풀 수 있어요

시작 기도

하나님 아버지, 오늘 이야기를 통해 어려움 속에서 우리가 무엇을 선택하며 살아가야 하는지 알게 해주세요. 예수님의 이름으로 기도합니다. 아멘.

길 아저씨 손 아저씨

글 권정생 / 그림 김용철 | 출판사 국민서관

윗마을 길 아저씨는 두 다리가 불편하고, 아랫마을 손 아저씨는 두 눈이 보이지 않습니다. 손 아저씨는 길 아저씨의 이야기를 듣고 찾아가 서로 도와가며 살자고 합니다. 길 아저씨는 손 아저씨 등에 업혀 길을 이끌어 주고, 손 아저씨는 길 아저씨를 등에 업고 어디든 걸어 다닙니다. 아저씨들은 구걸을 하기도 하고 일감을 받으면 부지런히 일합니다. 솜씨가 늘어 온갖 물건을 만들게 된 아저씨들은 남에게 기대지 않고 살아갈 수 있게 되었습니다. 그리고 그들의 착한 마음에 반한 아가씨와 결혼해서 함께 도우며 행복하게 살았습니다.

말씀

그들은 큰 환난의 시련을 겪으면서도 기쁨이 넘치고, 극심한 가난에 쪼들리면서도 넉넉한 마음으로 남에게 베풀었습니다. 고후 8:2

나눔

길 아저씨와 손 아저씨에게는 어떤 어려운 일이 있었지? (길 아저씨는 두 다리가 불편했고, 손 아저씨는 눈이 보이지 않았어) 두 아저씨는 몸이 불편했는데도 서로를 도울 수 있었어. 그 이유는 무엇일까? (서로 어려운 형편이었기 때문에 서로의 마음을 잘 알 수 있었어) 손 아저씨는 어떻게 길 아저씨를 도왔지? 길 아저씨는 손 아저씨를 어떻게 도왔지? (손 아저씨는 길 아저씨의 발이 되어 주고, 길 아저씨는 손 아저씨의 눈이 되어 주었어)

어려운 상황에 놓여 있을 때에도 남을 도울 수 있을까? 마게도냐 지방에 살고 있는 빌립보, 데살로니가 교회 등은 로마라는 나라로부터 핍박을 받았어. 뿐만 아니라 생활도 넉넉하지 않았지. 그럼에도 그들은 흉년으로 힘들어하고 있는 예루살렘 교회의 성도들을 도왔단다. 두 교회는 서로에게 위로와 기쁨이 되어 주었어. 준비가 되거나 넉넉한 상황에서만 남을 도울 수 있는 것은 아니란다. 어떤 상황이든 다른 이를 도울 수 있는 길은 언제든 열려 있어. 도움을 받아야 할 것 같은 손 아저씨와 길 아저씨가 오히려 서로 도우며 살 수 있었던 것처럼 말이야. 우리도 어떤 상황에서든 다른 이를 도울 수 있는 마음을 갖도록 하자.

마무리 기도

하나님 아버지, 하나님이 우리에게 주신 것으로 다른 이와 함께 나눌 수 있는 마음을 주세요. 예수님의 이름으로 기도합니다. 아멘.

활동

* 다른 사람을 도와줄 수 있는 방법 4가지를 생각해 보세요.
  (예: 부모님께 안마해 드려요, 어려운 이웃을 위해 기도해요 등)

4월 3째주 — 나는 예수님이 자랑스러워요

시작 기도

하나님 아버지, 오늘 이야기를 통해 예수님의 사랑을 경험할 수 있게 해주세요. 예수님의 이름으로 기도합니다. 아멘.

엄마~~~아!
글 기무라 유이치 / 그림 미야니시 타츠야 | **출판사** 책과콩나무

족제비 엄마는 길에 버려진 늑대 구를 데려와 사랑으로 키웁니다. 하지만 늑대 구는 친구들이 놀려서 족제비 엄마를 창피해합니다. 구는 집과 떨어진 곳으로 가서 가장 힘센 늑대가 됩니다. 평소 늑대 구를 못마땅해 하던 다른 늑대들이 커다란 돌을 굴려 구를 공격합니다. 그때 작고 까만 그림자가 뛰쳐나와 늑대 구를 대신하여 맞서 싸웁니다. 구를 대신하여 싸웠던 까만 그림자는 엄마 족제비였습니다. 이제 구는 족제비 엄마를 자신 있게 엄마라고 이야기합니다.

말씀

나는 복음을 부끄러워하지 않습니다. 이 복음은 유대 사람을 비롯하여 그리스 사람에게 이르기까지, 모든 믿는 사람을 구원하는 하나님의 능력입니다. 롬 1:16

나눔

늑대 구는 엄마 족제비를 왜 부끄러워했을까? (친구들이 놀려서, 구는 늑대이지만 엄마는 족제비니까) 그래, 구는 늑대가 아닌 엄마가 부끄러웠어. 구가 원하는 엄마는 어떤 엄마였을까? (늑대처럼 힘이 센 엄마) 버려진 구를 데려와 사랑으로 키워 준 엄마였지만, 구는 자신이 원하는 엄마의 모습이 아니어서 엄마를 부끄러워했어.

우리를 사랑해서 이 땅에 오신 예수님을 사람들은 미워하고 부끄러워했어. 예수님은 베들레헴 시골구석에서 태어나셨고, 볼품도 없으셨지. 게다가 죄인들과 함께 다니셨어. 예수님은 사람들이 기대했던 모습이 아니었단다. 늑대 구도 처음에는 족제비 엄마를 부끄러워했어. 자기와 달랐고 힘도 없어 보였거든. 그러나 자신을 위해 목숨도 아까워하지 않는 희생의 모습을 보고 난 후에는 친구들에게 자신의 엄마라고 당당하게 이야기하게 되었단다. 예수님도 족제비 엄마처럼 우리를 죽기까지 사랑해 주셨어. 우리는 예수님을 부끄러워하고 미워했지만 말이야. 이제 우리도 나를 위해 십자가에 달려 죽으신 예수님을 자랑스러워하도록 하자.

마무리 기도

우리를 사랑해서 이 땅에 오신 예수님께 감사드려요. 나를 위해 대신 죽으신 예수님을 자랑스러워하는 우리 가족이 되게 해주세요. 예수님의 이름으로 기도합니다. 아멘.

활동

* 글자에 있는 점을 연결하여 별을 만드세요. 별 안에 자랑스러운 예수님의 모습을 그림으로 그려 보세요. 글씨를 쓸 수 있는 어린이는 글씨를 따라 써 보세요.

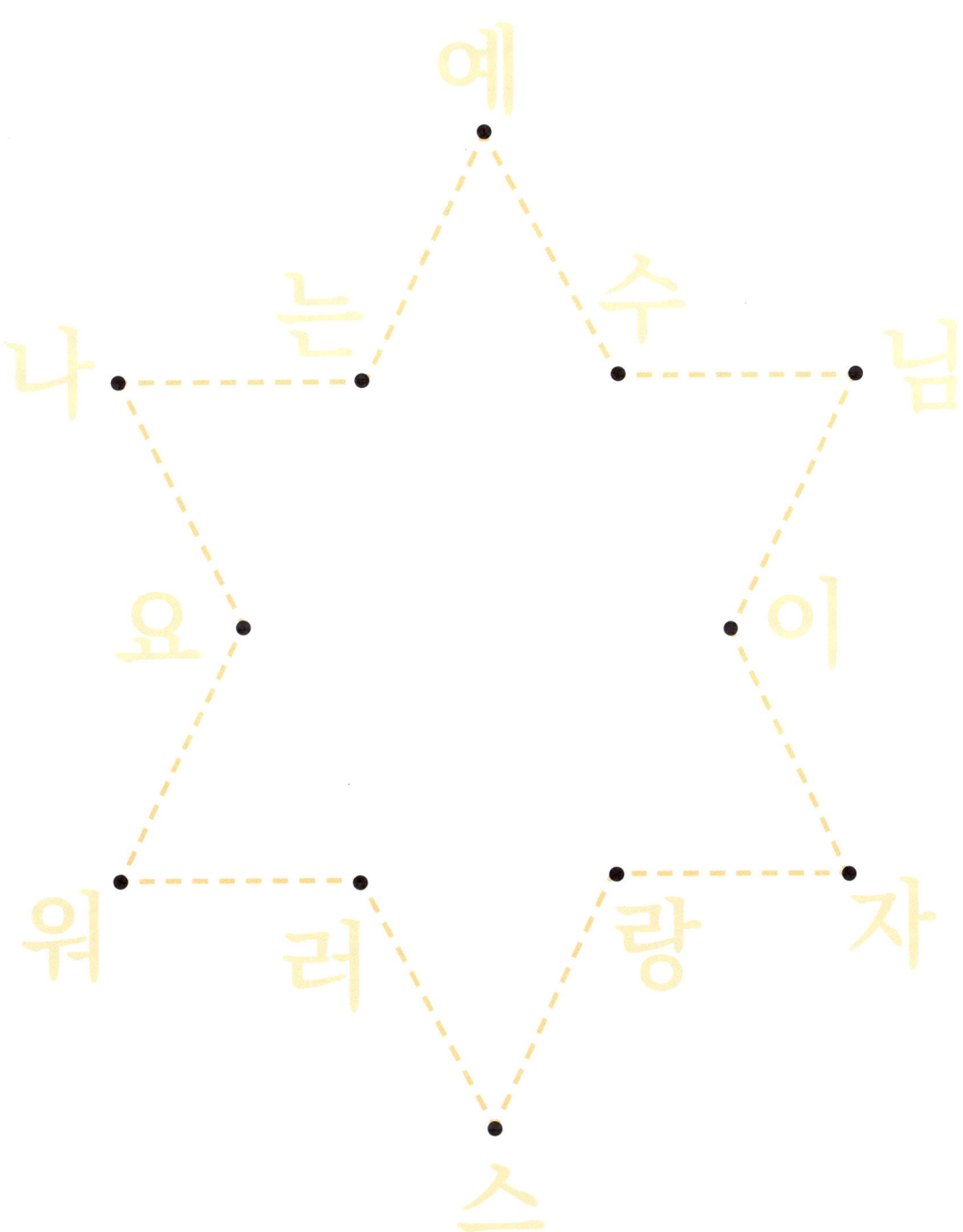

4월 4째주
예수님이 우리를 위해 이 땅에 오셨어요

시작 기도

하나님 아버지, 오늘 이야기를 통해 예수님이 이 땅에 오신 이유를 알게 해주세요. 예수님의 이름으로 기도합니다. 아멘.

예수님 이야기
글·그림 브라이언 와일드스미스 | 출판사 아라미

처녀인 마리아에게서 태어난 예수님은 지혜로운 아이로 자라납니다. 어른이 된 예수님은 세례 요한에게 세례를 받고, 제자를 부르며, 사람들에게 하나님의 말씀을 가르치십니다. 또한 가난하고 약한 사람들의 친구가 되어 주시며, 아픈 사람들을 고치시고, 하나님 나라에 대해 말씀해 주십니다. 그런 예수님을 빌라도는 십자가에 못 박습니다. 하지만 예수님은 부활하시어 하나님 나라에 대해 가르치고 하늘로 올라가십니다. 오순절에 성령을 받은 제자들은 예수님을 열심히 전합니다.

말씀

한 아기가 우리를 위해 태어났다. 우리가 한 아들을 모셨다. 그는 우리의 통치자가 될 것이다. 그의 이름은 '놀라우신 조언자', '전능하신 하나님', '영존하시는 아버지', '평화의 왕'이라고 불릴 것이다. 사 9:6

나눔

예수님이 한 아기가 되어 이 이 땅에 오셨어. 왜 오셨을까? (우리를 사랑하셔서) 예수님은 아픈 사람들을 어떻게 사랑하셨지? (병을 고쳐 주셨어) 배고픈 사람들에게는 어떻게 하셨지? (오병이어의 기적으로 배불리 먹이셨어) 교회에서 물건 파는 사람들에게는 어떻게 하셨지? (상인들을 쫓아내며 교회는 기도하는 집이라고 하셨어) 이처럼 사람들을 사랑하고 기적도 많이 베푼 예수님이셨지만, 빌라도와 많은 사람들은 예수님을 십자가에 못 박았지. 하지만 예수님은 3일 만에 부활하시고 다시 하늘로 올라가셔서 우리에게 성령을 주셨단다.

예수님이 이 땅에 오신다는 것은 구약 성경에서 미리 예언된 것이었단다. 선지자 이사야는 구원자 되실 분이 곧 오셔서 세상을 다스릴 것이라고 말했어. 그래서 유대인들은 그 구원자를 기다리고 있었지. 그분이 바로 예수님이란다. 예수님은 우리에게 어떤 분이실까? 때로는 우리를 돕는 조언자가 되기도 하시고, 못하실 일이 전혀 없는 전능자가 되기도 하셔. 또한 전쟁과 슬픔이 없는 평화를 만드는 분이시고, 죄와 죽음에서 우리를 구원하는 구원자가 되기도 하시지. 그런 예수님이 우리를 사랑하셔서 이 땅에 오셨다는 것을 늘 기억하자.

마무리 기도

하나님 아버지, 이 땅에 평화를 이루고, 구원을 허락해 주시기 위해 예수님을 보내 주셔서 감사합니다. 우리가 늘 그 사랑을 기억하며 살아가게 해주세요. 예수님의 이름으로 기도합니다. 아멘.

활동

* 예수님의 일생 중 가족들이 각자 중요하다고 생각하거나 직접 가보고 싶은 현장을 각 칸에 그려 보세요.

4월 5째주 — 예수님이 다시 살아나심을 기뻐해요

시작 기도

하나님 아버지, 오늘 이야기를 통해 예수님의 부활이 얼마나 기쁜 일인지 알게 해주세요. 예수님의 이름으로 기도합니다. 아멘.

예수님이 다시 살아나셨어요
글·그림 패티 로커스 | 출판사 생명의말씀사

예수님은 우리를 사랑하셔서 이 땅에 오셨습니다. 예수님을 구세주로 믿고 찬양하는 사람도 있었지만, 어떤 사람들은 예수님을 죽이려고 하고, 어떤 제자는 예수님을 배신했습니다. 예수님은 마지막 식사를 하며 서로 사랑하고 섬기라고 하셨고, 먹고 마시며 예수님을 기념하라고 하셨습니다. 예수님은 십자가에서 돌아가셨지만 3일 후 다시 살아나셨습니다. 예수님은 제자들에게 기쁜 소식을 전하라고 말씀하시고 하늘로 올라가셨습니다.

말씀

우리 주 예수 그리스도의 하나님 아버지께 찬양을 드립시다. 하나님께서는 그 크신 자비로 우리를 새로 태어나게 하셨습니다. 그리하여 그는, 죽은 사람들 가운데서 예수 그리스도가 부활하심으로 말미암아 우리로 하여금 산 소망을 갖게 해 주셨으며. 벧전 1:3

나눔

예수님이 이 땅에 오신 것을 찬양하며 환영하는 사람들도 있었지만, 예수님을 믿지 않고 오히려 죽이려고 하는 사람들이 있었어. 예수님은 십자가에서 돌아가실 것을 알고 마지막으로 제자들과 식사를 하며 무슨 말씀을 하셨지? (서로 사랑하고 섬기라고 하셨어, 예수님을 기념하라고 하셨어) 예수님은 고난을 당하시고 십자가에서 돌아가셨어. 하지만 3일 후 어떤 일이 벌어졌지? (예수님이 약속하신 대로 다시 살아나셨어)

예수님이 죽으셨다가 다시 사신 날을 기념하여 부활절이라고 한단다. 하나님은 우리를 너무나 사랑하셔. 하지만 사람들은 하나님의 사랑을 기억하지 못하고 오히려 하나님을 멀리 떠나 죄를 지었지. 하나님은 자신의 아들 예수님을 약속대로 이 땅에 보내 주셨어. 예수님은 우리의 죄를 용서해 주시기 위해 우리 대신 많은 고난을 받으시고, 십자가에 달려 죽으셨지. 예수님을 따랐던 여인들과 제자들은 모두 슬퍼하고 있었어. 그러나 예수님은 약속대로 3일 만에 다시 살아나셔서 많은 사람들에게 나타나셨단다. 마리아와 베드로, 열두 제자, 그리고 500명이 넘는 사람들에게도 나타나셨지. 예수님은 부활하신 예수님을 믿는 모든 사람들의 죄를 용서해 주시고, 구원을 약속하셨단다. 이러한 구원을 받은 우리는 더 이상 자기를 위해 살지 않아야 해. 우리 모두 예수님이 가르쳐 주신 대로 하나님만을 사랑하고 이웃을 사랑하며 살아가도록 하자.

마무리 기도

하나님 아버지, 예수님께서 약속대로 3일 만에 부활하심을 우리는 믿어요. 그 소식을 사람들에게 전하며 살게 해주세요. 예수님의 이름으로 기도합니다. 아멘.

활동

* 색종이나 잡지 등을 찢거나 오려 붙여서 십자가를 완성해 보세요.

5월 1째주 — 하나님은 모든 것을 쓰임에 맞게 만드셨어요

시작 기도

하나님 아버지, 오늘 이야기를 통해 하나님이 쓰시는 사람이 누구인지 알게 해주세요. 예수님의 이름으로 기도합니다. 아멘.

티치

글·그림 팻 허친스 | **출판사** 시공주니어

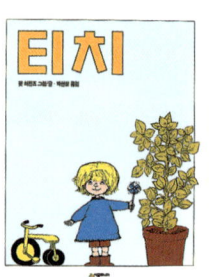

티치는 누나와 형에 비해 작은 자신이 싫었습니다. 누나와 형의 자전거는 크고 멋지지만 티치의 자전거는 작고 느립니다. 누나와 형은 멋지게 연을 날리지만 티치는 겨우 바람개비만 돌립니다. 누나와 형은 큰북과 트럼펫을 연주하지만 티치는 작은 피리만 붑니다. 누나와 형은 커다란 톱과 망치를 들고 오지만 티치는 아주 작은 못을 들고 옵니다. 어느 날 누나와 형은 커다란 삽과 커다란 화분을 가져오는데 티치는 아주 작은 씨앗을 가져와 그 화분에 심습니다. 씨앗에서 싹이 트더니 아주 높이높이 자라납니다.

말씀

주님께서는 모든 것을 그 쓰임에 알맞게 만드셨으니. 잠 16:4a

나눔

티치는 작은 아이였어. 티치는 작다는 것에 대해서 어떻게 생각하는 것 같아? (마음에 들지 않았어) 왜 그랬을까? (자전거 속도도 느리고 자기가 할 수 있는 일이 별로 없다고 느꼈던 것 같아) 그런데 정말 작은 것이 안 좋은 것일까? (아니야, 작지만 커지는 씨앗도 있고, 작은 피리만 낼 수 있는 소리도 있어) 맞아, 티치가 가져온 못과 씨앗은 작은 것이었지. 작다고 쓸모없는 것은 없단다. 모든 것은 각자의 쓰임에 따라 다를 뿐이지.

하나님은 모든 것을 각자의 쓰임에 맞게 만드셨어. 물론 크고 작음, 많고 적음의 차이는 있지만, 그 차이가 더 가치 있다거나, 더 중요하다는 뜻은 아니야. 마치 티치의 형과 누나가 티치에 비해 키도 크고 더 큰 도구를 사용했지만, 그런 것이 티치보다 더 가치 있는 건 아닌 것처럼 말이지. 작은 못이 없다면 물건을 고정시킬 수 없고, 작은 나무 피리만이 낼 수 있는 아름다운 소리도 있단다. 또한 티치가 심은 작은 씨앗에서 싹이 나더니 아주 높이 자랐지. 이와 같이 세상의 모든 것은 쓰임에 맞게 만들어졌단다. 그렇기에 우리 모두는 소중하고 쓸모가 있다는 것을 잊지 말도록 하자.

마무리 기도

우리를 쓰임에 맞게 만드신 하나님 아버지, 남과 비교하기보다 주님이 만드신 모습에 감사하며 살아가는 우리가 되게 해주세요. 예수님의 이름으로 기도합니다. 아멘.

활동

* 다음 그림은 모두 같이 있어야 할 수 있는 것들이에요. 각각에 어울리는 짝을 찾아 연결해 보세요.

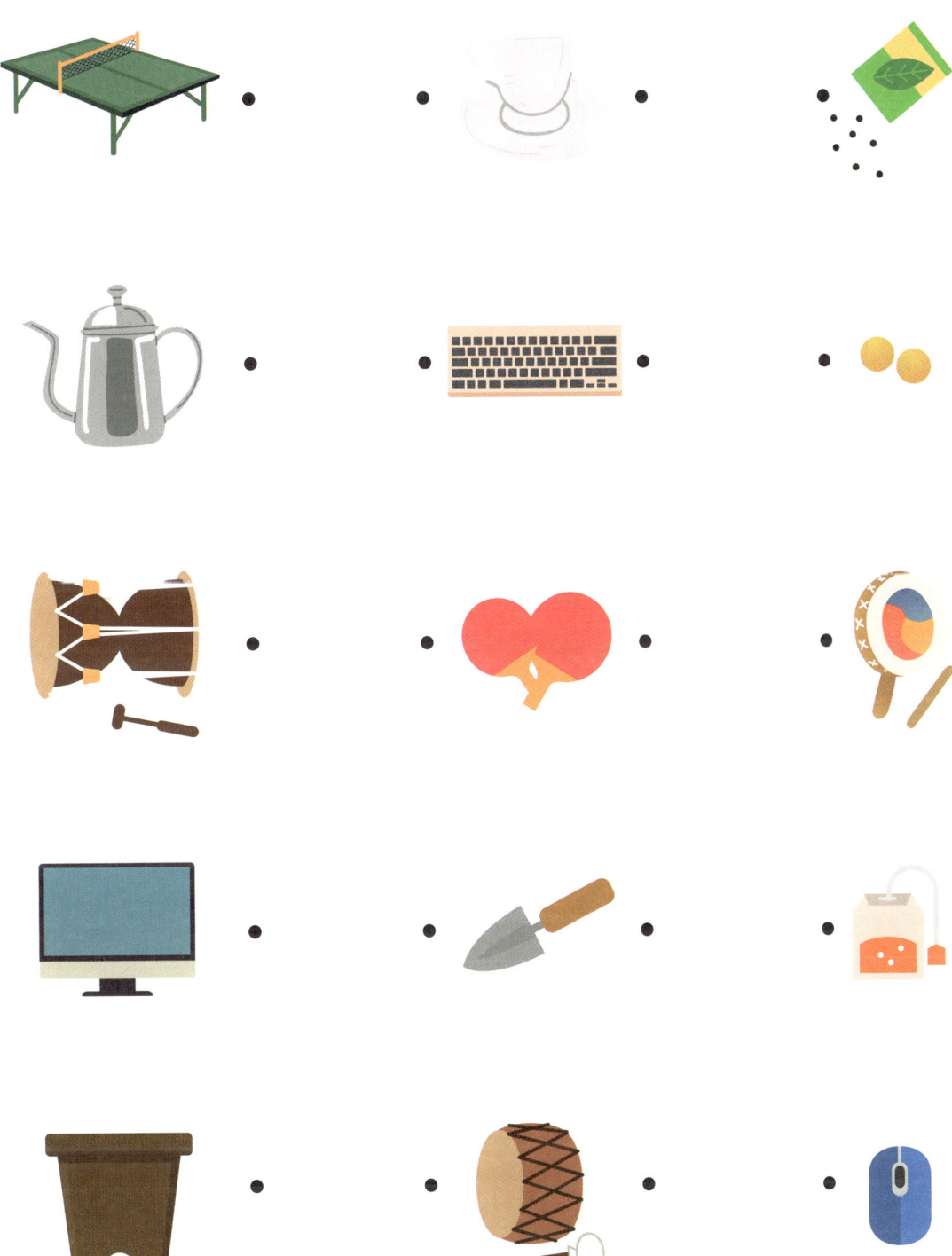

5월 2째주 - 하나님은 우리 가정을 하나 되게 하세요

시작 기도

우리 가정의 주인이신 하나님 아버지, 오늘 이야기를 통해 진정한 가족이 무엇인지 알게 해주세요. 예수님의 이름으로 기도합니다. 아멘.

위대한 가족

글 · 그림 윤진현 | **출판사** 천개의바람

천하장사 아빠, 슈퍼우먼 엄마, 무적의 권투선수 큰형, 발레리나 누나, 화가 작은형까지 저마다 위대한 가족들입니다. 가족의 위대한 점이 다른 가족에게 불편을 주자, 위대한 가족들은 다른 가족들을 떼어 버리고 홀로 살기로 결정합니다. 하지만 혼자지내는 생활은 그리 행복하지 않습니다. 그리고 자기가 위대한 건 그걸 인정하고 받아들여 주는 가족이 있기 때문이라는 걸 깨닫습니다. 이런 과정에서 막내가 위대한 방귀쟁이라는 것을 알게 됩니다.

말씀

나는 아버지께서 내게 주신 영광을 그들에게 주었습니다. 그것은, 우리가 하나인 것과 같이, 그들도 하나가 되게 하려는 것입니다. 요 17:22

나눔

이 책에 나오는 가족들은 저마다 위대해. 무엇이 위대한 걸까? (아빠는 힘이 세고, 엄마는 슈퍼우먼이고, 형은 무적의 권투선수이고, 누나는 우아한 발레리나이고, 작은 형은 그림을 잘 그리지) 하지만 이 가족들은 함께 있는 것을 귀찮아했어. 왜 그랬을까? (각자의 잘남이 드러날 때 다른 가족들이 피해를 입게 된다고 생각했기 때문이야) 서로에게 벽을 쌓았던 가족들이 벽을 무너뜨리고 나오게 된 이유는 무엇이었을까? (혼자서는 심심하고 답답하기도 했고, 막내가 걱정되었기 때문이지) 이 가족들은 함께일 때 위대하다는 것을 깨달았어.

우리는 서로 생김새도 다르고, 성격도 다르고, 좋아하는 것도 다르단다. 물론 다르기 때문에 좋을 때도 있지만 불편할 때도 많아. 서로 다투기도 하고 벽을 쌓고 거리를 두려고도 하지. 책에서 나온 가족들이 서로의 다름으로 인해 각자 벽을 쌓고 거리를 두었던 것처럼 말이야. 예수님은 하나님께 기도를 드리셨어. 예수님과 하나님이 하나인 것처럼 예수님을 믿는 사람들도 하나가 되게 해달라고 하셨지. 하나가 되어 서로를 존중하고 함께 예배할 때 각자의 위대함은 더욱 빛나게 된단다. 우리 가족도 위대한 가족으로 살아갈 수 있도록 노력하자.

마무리 기도

하나님 아버지, 우리 가족이 예수님 안에서 하나가 되게 해주시고, 서로를 세워 갈 수 있게 해주세요. 예수님의 이름으로 기도합니다. 아멘.

활동

* 각자 서로 다른 우리이지만 함께할 때 우리는 위대한 가족이 될 수 있어요.
다음 빈칸에 우리 가족은 어떤 위대한 가족인지 적어 보세요.
(예: 위대한 아빠는 성경 척척박사예요 / 우리는 함께 예배하는/기도하는 위대한 가족입니다)

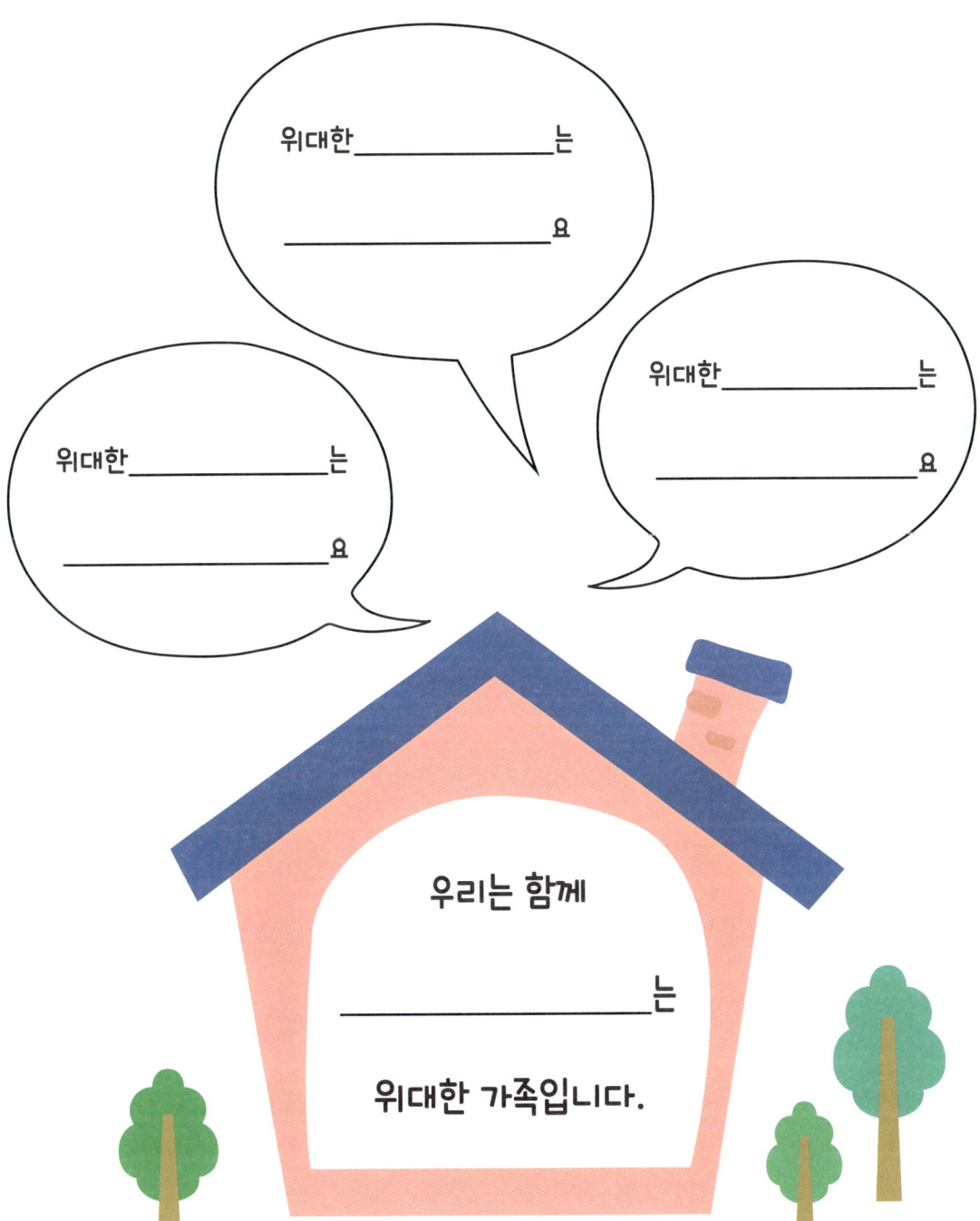

5월 3째주 — 하나님은 우리가 어른들을 공경하기 원하세요

시작 기도

하나님 아버지, 오늘 이야기를 통해 공경의 의미를 알게 해주세요. 예수님의 이름으로 기도합니다. 아멘.

할아버지를 기쁘게 하는 12가지 방법

글 김인자 / 그림 윤문영 | **출판사** 파랑새

할아버지와 함께 사는 민수는 할아버지를 기쁘게 하는 방법을 압니다. 아침 저녁으로 문안 인사하기, 세숫물과 수건 준비하기, 머리 빗어 드리기, 할아버지가 만들어 주신 밥 칭찬하기, 힘센 할아버지 인정하기, 할아버지의 지식 전수받기, 커피 타드리기, 할아버지 앞에서 엉덩이춤 추기, 얼굴 그리기, 함께 고구마 먹기, 일요일에 리모컨 양보하기, 할아버지 이야기에 맞장구치기, 그리고 기운이 없는 할아버지 꼭 안아 드리기입니다.

말씀

백발이 성성한 어른이 들어오면 일어서고, 나이 든 어른을 보면 그를 공경하여라. 너희의 하나님을 두려워하여라. 나는 주다. 레 19:32

나눔

민수는 할아버지를 기쁘게 하기 위해서 아침에 일어나자마자 무엇을 하지? (일어나서 인사를 해) 왜 할아버지는 아침인사를 받는 것이 좋으실까? (아침에 일어나자마자 자신에게 인사해 주는 민수가 있다는 사실만으로도 좋은 거야) 민수가 커피를 타드리면 할아버지는 좋아하셔. 근데 커피를 잘못 타도 좋아하셨지, 왜 그랬을까? (커피를 타주는 민수의 마음을 아시기 때문이야) 할아버지가 기뻐하시는 모습을 보는 민수의 마음은 어떨까? (민수도 함께 기뻐해)

백발이 성성한 어른이란 나이가 많은 어른을 뜻해. 하나님은 어른들을 공경하라고 말씀하셨지. 왜일까? 할아버지 할머니들이 오랜 세월 동안 애쓰고 수고함으로 지금의 현재가 있다는 것과 어른들의 존재가 있었기에 우리가 있다는 것을 기억하라는 뜻이야. 할머니 할아버지들이 아무것도 할 수 없는 초라한 존재처럼 여겨질 수 있겠지만, 모든 사람은 누구나 하나님의 형상을 가지고 태어난 고귀한 존재란다. 비록 나이가 들었다고 해도 말이야. 또한 하나님은 어른들을 공경하는 것이 하나님을 경외하는 것이라고 말씀하셨어. 하나님께서 나이든 사람들에게 베푸신 존귀함과 권위를 인정하라는 말씀이 아닐까? 민수가 할아버지를 기쁘게 하기 위해 마음을 다했던 것처럼, 우리도 하나님을 경외하는 마음으로 어른을 공경하도록 되자.

마무리 기도

하나님 아버지, 어른을 기쁨을 공경하고, 하나님을 섬기듯 어른들을 섬기는 우리가 되게 해주세요. 예수님의 이름으로 기도합니다. 아멘.

활동

* 할아버지와 할머니를 기쁘게 하는 쿠폰을 만들어 봐요.
  (할아버지나 할머니가 안 계실 경우는 부모님이나 이웃 어른들을 생각해 보며 만들어 보세요)

COUPON

예) 어머니에게
안마를 해줍니다.
2022. 12. 31. 까지

COUPON

_____에게
_____합니다.
  .   .   . 까지

COUPON

_____에게
_____합니다.
  .   .   . 까지

COUPON

_____에게
_____합니다.
  .   .   . 까지

COUPON

_____에게
_____합니다.
  .   .   . 까지

COUPON

_____에게
_____합니다.
  .   .   . 까지

> 5월 4째주

하나님이 주신 것은 모두 다 좋아요

> 시작 기도

하나님 아버지, 오늘 이야기를 통해 하나님이 주신 아름다운 것을 느끼고 깨달을 수 있게 해주세요. 예수님의 이름으로 기도합니다. 아멘.

딸기
글 · 그림 신구 스스무 | **출판사** 한솔수북

가을에 심어진 딸기는 초록 이파리를 틔우고 빨간 덩굴이 뿌리를 내리며 자라납니다. 추운 겨울에는 빛나는 별을 보며 눈을 덮고 잠을 잡니다. 봄이 되면 바람이 데리고 온 황금빛 햇볕을 맞고, 벌이 찾아오면 열매를 맺습니다. 바람과 비와 해를 통해 딸기가 익어갑니다. 빨간 딸기의 겉에는 황금빛 햇볕이, 안에는 차갑고 하얀 세계가 담겨 있습니다. 딸기에는 아름다운 자연이 가득합니다.

> 말씀

하나님께서 지으신 것은 모두 다 좋은 것이요, 감사하는 마음으로 받으면, 버릴 것이 하나도 없습니다.
딤전 4:4

> 나눔

딸기 한 알이 열리기까지 어떤 도움이 필요했지? (바람, 햇빛, 비가 필요했어) 그래, 딸기는 가을에 심어져 새싹을 틔우고 덩굴이 뿌리를 내렸어. 긴 겨울 별을 보며 딸기는 무슨 생각을 했을까? (맛있는 딸기가 되고 싶다고 생각했을 것 같아) 딸기의 빨강에는 무엇이 담겨 있을까? (아름다운 저녁놀이 담겨 있어) 딸기의 씨앗에는 무엇이 담겨 있을까? (황금빛 태양의 따뜻함이 담겨 있어) 딸기의 속에는 무엇이 담겨 있을까? (차갑고 하얀 눈이 담겨 있어)

○○은 딸기의 모습 중에서 어느 부분이 가장 아름답게 느껴졌어? (저녁놀이 담긴 빨간색이 아름다웠어, 해가 황금빛 소나기를 뿌려 주어 딸기가 자란다는 표현이 멋있었어) 그래, 딸기 한 알이 만들어지기 위해 바람과 햇빛과 비와 수많은 시간들이 필요했어. 하나님께서 아름답게 만드시고 우리에게 선물로 주셨지. 하나님의 마음이 담겨 있는 자연의 모든 것은 당연한 것이 하나도 없어. 너무 놀랍지 않니? 하나님이 주신 모든 것을 특별하게 바라보며 감사하는 우리가 되자.

> 마무리 기도

하나님 아버지, 바람과 햇빛과 비로 딸기를 만드시고 우리에게 선물로 주셔서 감사합니다. 딸기를 보고 먹을 때마다 하나님이 주신 아름다움을 느끼고 감사하는 우리가 되게 해주세요. 예수님의 이름으로 기도합니다. 아멘.

활동

* 바람과 햇빛과 비 그리고 겨울을 이겨낸 아름다운 딸기를 만들어 보세요.
  보이는 대로 색칠할 수도 있고 나만의 색으로도 색칠할 수 있어요.

6월 1째주 — 서로 해치거나 파괴하는 일이 없는 하나님 나라를 꿈꿔요

시작 기도

하나님 아버지, 오늘 이야기를 통해 하나님이 다스리는 나라는 어떤 나라인지 알게 해주세요. 예수님의 이름으로 기도합니다. 아멘.

우리는 벌거숭이 화가
글 문승연 / 그림 이수지 | 출판사 길벗어린이

엄마가 목욕하자고 부르지만 진이와 훈이는 목욕할 생각이 없습니다. 그러다 훈이가 서랍에서 페이스 페인팅 물감을 찾아냅니다. 두 아이는 벌거숭이가 되어 물감으로 그림을 그리며 얼룩 고양이와 인디언 추장으로 변신합니다. 고래, 바다 배, 달, 별을 그리며 환상의 섬에서 놀이를 합니다. 그곳에서는 독사, 사자, 악어, 고릴라가 함께 춤을 춥니다. "목욕하자"는 엄마의 소리에 현실로 돌아온 아이들은 목욕탕으로 달려갑니다. 그리고 엄마에게도 그림을 그리고 함께 목욕합니다.

말씀

젖먹는 아이가 독사의 구멍 곁에서 장난하고, 젖뗀 아이가 살무사의 굴에 손을 넣는다. "나의 거룩한 산 모든 곳에서, 서로 해치거나 파괴하는 일이 없다." 물이 바다를 채우듯, 주님을 아는 지식이 땅에 가득하기 때문이다. 사 11:8-9

나눔

진이와 훈이는 섬에서 누구와 놀이를 했지? (사자, 악어, 고릴라, 독사 등) 어쩌면 무서울 법한 동물들인데 진이와 훈이는 이 동물들과 어떻게 놀고 있는 것 같아? (모두 다 같이 재미있게) 그래, 진이와 훈이는 동물들과 서로 해치거나 파괴하는 일 없이 다 같이 신나게 놀고 춤추었지. 이런 세상에서 산다면 어떨 것 같아? (나도 같이 놀고 싶어)

하나님이 다스리는 평화의 나라는 서로 누군가를 해치거나 파괴하는 일이 없이 함께 사는 곳이란다. 다툼이 없는 곳이지. 언제 그런 나라가 올 수 있을까? 그건 우리 안에 하나님을 아는 지식이 가득할 때 가능하단다. 하나님을 안다는 것은 무엇일까? 죄로 인해 무너진 창조세계를 회복시키고 세상에 평화를 이루어 가시려는 하나님의 마음을 아는 것이지. 진이와 훈이가 실제로 놀고 있던 곳은 어디였을까? (자신의 집) 맞아, 상상 속 세상에서 논 것 같았지만, 사실 알고 보면 진이와 훈이가 사는 집에서 가지고 놀던 인형들과 상상놀이를 한 것이었어. 우리가 상상하는 세상은 우리 가까이에서 실제로 일어날 수 있단다. 이제 우리도 서로를 미워하거나 상처를 입히지 않고, 섬김과 사랑으로 평화를 이루어 가도록 하자.

마무리 기도

하나님 아버지, 하나님이 다스리는 평화의 나라를 세워 가는 일에 힘쓰는 우리가 되게 해주세요. 예수님의 이름으로 기도합니다. 아멘.

활동

* 서로 해치거나 파괴하지 않는 나라를 상상하며 그림을 그려 보세요.

6월 2째주 — 하나님은 동물도 소중하게 여기기를 원하세요

시작 기도

하나님 아버지, 오늘 이야기를 통해 하나님이 창조하신 동물들을 어떻게 대해야 하는지 알게 해주세요. 예수님의 이름으로 기도합니다. 아멘.

너처럼 나도

글·그림 장바티스트 델 아모 / 폴린 마르탱 | **출판사** 문학동네

토끼에게 가족이 있듯이 우리도 가족이 있습니다. 돼지들이 웅덩이에서 노는 것을 좋아하듯이 우리도 웅덩이에서 장난치는 것을 좋아합니다. 호랑이에게 감정이 있듯이, 양에게도 개성이 있듯이, 곰이 좋아하는 음식이 있듯이 우리도 그러합니다. 동물과 우리는 함께 살아가며 아름답고 부서지기 쉬운 세상의 일부입니다.

말씀

형제의 사랑으로 서로 다정하게 대하며, 존경하기를 서로 먼저 하십시오. 롬 12:10

나눔

갈색 토끼도 사랑하는 누군가가 있을까? (있어, 엄마, 아빠, 동생, 친구들도 있지) 토끼에게 사랑하는 이들이 있는 것처럼 우리에게도 사랑하는 가족과 친구들이 있어. 엄마 소가 송아지에게 무얼 해주고 있지? (부드럽게 안고 쓰다듬어 주고 있어) 송아지의 기분은 어떨까? (사랑받고 있다고 느껴) 너는 엄마랑 아빠가 어떻게 해줄 때 기분이 좋아? (각자 적용) 여기에 나온 고릴라나 돼지, 곰, 고양이, 양, 펭귄들처럼 우리도 마음이 있고, 개성이 있지. 이런 동물들과 함께 우리도 살아가고 있단다.

성경에 보면 예수님을 믿는 사람들은 내 주변에 있는 모든 것들을 사랑하라고 말씀하고 있어. 그러면 어떻게 사랑해야 할까? 내 가족인 형제, 자매와 같이 사랑해야 해. 특히 성경은 서로를 존중하라고 말하고 있는데, 여기서 존중이란 누군가를 가치 있게 여긴다는 뜻이란다. 즉 주변에 있는 모든 것들을 가족처럼 대하고, 가치 있게 여기며 사랑하라는 것이지. 그런데 여기서 형제, 자매는 단지 사람만을 의미하지 않아. 하나님이 창조하신 모든 것이 포함되어 있지. 우리는 그림책에 나오는 토끼, 소, 곰, 호랑이, 펭귄들과 함께 살고 있어. 사람만이 세상의 주인공이 아니란다. 사람도 세상의 일부일 뿐이지. 사람과 동물, 자연 모두를 소중하게 여기는 우리가 되자.

마무리 기도

하나님 아버지, 하나님이 만드신 모든 생명들과 조화롭게 살아가고 소중하게 여기는 우리가 되게 해주세요. 예수님의 이름으로 기도합니다. 아멘.

활동

* 다음 빈칸을 채워 '너처럼 나도'를 만들고 몸 동작으로 표현해 보세요.
  (예: 치타처럼 빨리 뛰기도 하지, 너처럼 나도)

1. ( ) 처럼 ( ) 하지. 너처럼 나도

2. ( ) 처럼 ( ) 하지. 너처럼 나도

3. ( ) 처럼 ( ) 하지. 너처럼 나도

4. ( ) 처럼 ( ) 하지. 너처럼 나도

5. ( ) 처럼 ( ) 하지. 너처럼 나도

6월 3째주 - 하나님이 동물들을 지혜로 만드셨어요

시작 기도

하나님 아버지, 오늘 이야기를 통해 모든 창조물을 지으신 하나님의 마음을 알게 해주세요. 예수님의 이름으로 기도합니다. 아멘.

너와 뽀뽀

글·그림 남윤잎 | 출판사 문학동네

멸종 동물인 티라노사우루스와 도도와 콰가, 조각품 등을 만들기 위해 잘려져 나가는 코뿔소의 코, 멸종 위기 동물인 붉은 박쥐와 반달가슴곰, 수질 오염으로 살 곳을 잃어가는 수달, 숲에 생겨난 도로로 생존의 위기에 처한 고라니, 길에서의 삶이 녹록치 않은 고양이들을 기억하며 소중함, 고마움, 아쉬움, 미안함을 담아 '쪽' 뽀뽀합니다.

말씀

주님, 주님께서 손수 만드신 것이 어찌 이리도 많습니까? 이 모든 것을 주님께서 지혜로 만드셨으니, 땅에는 주님이 지으신 것으로 가득합니다. 시 104:24

나눔

티라노사우루스, 도도, 콰가는 지금은 볼 수 없는 멸종 동물이란다. 그중에서 도도새와 콰가는 사람들이 모두 잡아서 사라진 동물이야. 코뿔소는 사람들이 뿔로 장식품을 만들기 위해 죽이면서 점점 사라지고 있어. 붉은 박쥐나 반달가슴곰은 살아갈 수 있는 곳이 줄어들면서 사라지고 있지. 강이 오염되고 살던 곳에 도로가 생기면서 수달이나 고라니도 점점 줄어들고 있어. 그런데 오히려 사람들은 고라니가 작물을 먹는다고 유해동물(해로운 동물)이라고 하고 있지. 버려지는 강아지나 길에서 죽어 가는 고양이들을 어떻게 도울 수 있을까?

하나님이 세상 모든 것을 창조하셨단다. 하나님이 창조하신 것들 중에 소중하지 않은 것은 하나도 없었지. 그래서 창조하신 후에 모두 보기에 좋다며 감탄을 하셨어. 사람들뿐 아니라 동식물과 자연의 모든 것이 존재 자체로서 소중하다고 말씀하신 거야. 하지만 사람들은 자신들에게 필요하거나 도움이 되지 않은 자연과 동식물들을 죽이거나, 그들이 살 공간을 빼앗았단다. 그로 인해 자연이 파괴되고 동물들이 사라지게 되었지. 하나님은 우리에게 창조세계를 돌볼 책임을 주셨지만, 우리는 그것들을 잘 지키지 못했던 거야. 이제 하나님이 창조하신 모든 것을 소중히 여기는 우리가 되도록 하자.

마무리 기도

하나님 아버지, 하나님이 우리를 소중히 여기시듯 우리도 하나님이 창조하신 동물들을 소중하게 돌볼 수 있는 마음을 주세요. 예수님의 이름으로 기도합니다. 아멘.

> 활동

* 우리가 기억하고 소중하게 여겨야 하는 동물들을 그려 보고 무엇을 도울지 약속해 보세요.

나 _____는 이 동물 친구에게

_____해주기로 약속합니다.

6월 4째주 - 하나님이 주신 자연과 친구들로 인해 기뻐요

시작 기도

하나님 아버지, 오늘 이야기를 통해 무엇을 통해 기쁨을 얻을 수 있는지 알게 해주세요. 예수님의 이름으로 기도합니다. 아멘.

어니스트의 멋진 하루

글·그림 앤서니 브라운 | 출판사 웅진주니어

어니스트는 엄마와 가족들과 걷고 먹고 마시고 자며 행복하게 지내고 있습니다. 어느 날 어니스트는 멋진 정글을 발견하고 살그머니 들어가게 되는데, 처음 보는 광경에 놀라다가 길을 잃어버립니다. 자신을 도와줄 수 있을 거라고 생각한 고릴라, 사자, 하마, 악어는 도와주기를 거절합니다. 그때 작은 쥐가 나타나 위로하며 도와주겠다고 합니다. 미덥지 못했지만 같이 있는 게 나을 것 같아 작은 쥐를 머리 위로 올립니다. 어니스트는 좋은 길잡이가 되어 준 쥐 덕분에 엄마를 만납니다. 작은 쥐도 행복했습니다.

말씀

그분이 지으신 땅을 즐거워하며, 그분이 지으신 사람들을 내 기쁨으로 삼았다. 잠 8:31

나눔

가족들과 지내는 것을 즐거워했던 어니스트는 멋진 곳을 발견했지. 그곳은 어딜까? (정글) 그곳은 어땠지? (화려하고 아름다웠지만 무섭고 으스스했어) 정글에서 길을 잃은 어니스트는 큰 동물들에게 도움을 요청했지. 왜 그랬을까? (자신을 도와줄 만한 힘이 있을 것 같아서) 어니스트는 먼저 도와주겠다고 나선 작은 쥐는 믿지 않았어. 왜 그랬을까? (자신을 도와줄 만한 힘이 없을 것 같아서) 그런데 쥐는 멋진 길잡이가 되어 주었지. 어니스트에게는 왜 그 하루가 멋진 하루였을까? (아름답고 새로운 경험도 하고 자신을 도와준 작은 쥐도 만났기 때문에)

어니스트는 새롭게 보이는 정글의 모습이 아름답게 느껴졌지. 하나님이 만드신 세계는 아름답고 행복한 곳이었어. 하지만 인간의 죄로 인해 처음 만드신 모습과는 다르게 변해 버렸어. 어니스트를 도와주지 않은 정글에서 만난 큰 동물들처럼 말이야. 하지만 여전히 작은 쥐처럼 누군가를 돕고자 하는 선한 마음을 가지고 있는 사람들도 있단다. 세상은 여전히 두려운 곳일 수 있지만, 하나님이 우리에게 주신 자연은 참 행복하고 좋은 곳일 수 있어. 하나님이 여전히 우리와 함께하시고, 하나님께서 기쁨으로 삼으신 선한 이웃들이 우리 곁에 있기 때문이지. 우리도 하나님이 우리에게 주신 것을 마음껏 즐거워하고, 누군가의 선한 이웃이 되어 사람들에게 기쁨을 주도록 하자.

마무리 기도

하나님 아버지, 하나님이 창조하신 것에 감사하고, 하나님의 뜻에 따라 살아갈 때 기쁨이 있음을 알게 되었어요. 우리도 그 기쁨을 늘 누리며 살게 해주세요. 예수님의 이름으로 기도합니다. 아멘.

> 활동

* 선한 이웃들을 만나 도움을 주고받았던 경험이나, 하나님이 주신 자연환경을 보고 감격했던 기억들을 생각하며 그림을 그려 보세요.

7월 1째주

하나님은 서로를 위해 용기를 낼 수 있는 친구를 주셨어요

시작 기도

하나님 아버지, 오늘 이야기를 통해 어떻게 해야 좋은 친구가 될 수 있는지 알게 해주세요. 예수님의 이름으로 기도합니다. 아멘.

고마워 친구야!

글·그림 후쿠자와 유미코 | 출판사 한림출판사

태풍이 휘몰아치는 날, 곰이 이불을 뒤집어쓰고 벌벌 떨고 있는데 겨울잠쥐가 찾아와 일곱 빛깔 무지개의 수국을 구경하자고 합니다. 곰이 천둥이 무서워 밖에 못 나가겠다고 하자 겨울잠쥐는 수국을 가져다주겠다며 뛰어나갑니다. 넘치는 물살에 수국이 떠내려 오는 것을 본 곰은 겨울잠쥐가 걱정되어 천둥이 치는 중에도 골짜기로 달려갑니다. 그리고 수국 꽃에 매달려 버둥대다 물에 빠진 겨울잠쥐를 건져냅니다. 수국을 보여 주고 싶었던 겨울잠쥐와 천둥보다 친구가 걱정되어 달려온 곰은 서로에게 고마워합니다.

말씀

그래서 몸에 분열이 생기지 않게 하시고, 지체들이 서로 같이 걱정하게 하셨습니다. 고전 12:25

나눔

너희는 혹시 무서워하는 게 있니? (천둥이 치는 것, 비행기를 타는 것 등) 그게 왜 무서워? (번개가 내 머리 위로 떨어질까 봐, 바람에 날아갈까 봐) 여기에 천둥과 번개를 무서워하는 곰이 있어. 곰은 천둥이 치는데도 일곱 빛깔 무지개 골짜기를 향해서 달려갔어. 왜 그랬을까? (겨울잠쥐가 걱정이 되어서) 곰은 천둥이 무서워서 집 밖을 나가지 못했지만, 겨울잠쥐를 걱정하는 마음이 무서운 마음을 이긴 거지.

우리는 서로 얼굴 생김새도 다르고, 성격도 다르지만 하나님 안에서 한 몸이란다. 그렇기에 서로 미워하거나, 모른 척하기보다는 서로를 돌아보며 진심으로 걱정해 주어야 해. 수국을 보러 가자는 겨울잠쥐와 태풍이 무서워서 함께 가지 못하는 곰은 서로 다른 마음이었지. 하지만 둘은 다투지 않고 서로를 받아들였어. 겨울잠쥐가 걱정되어서 무서움을 이기고 겨울잠쥐를 도와주러 간 곰의 모습을 통해 우리는 어떻게 서로를 받아들이고 도와주어야 하는지 알 수 있단다. 각기 다른 우리가 서로 사랑하고 걱정하며 그 안에서 용기를 낼 수 있도록 도와주시는 분이 바로 우리 하나님이야. 하나님의 마음을 잘 지켜 이웃들과 하나 되는 우리가 되자.

마무리 기도

하나님 아버지, 우리가 서로를 걱정하며, 서로를 위해 용기를 낼 수 있는 좋은 이웃이 되게 해주세요. 예수님의 이름으로 기도합니다. 아멘.

활동

* 무서웠지만 가족을 위해 용기를 낸 경험이 있나요? 가족끼리 서로 도와주거나 도움을 받았던 일들을 이야기 나눈 다음, 말풍선 안에 적어 보세요. 무섭거나 걱정스러웠던 마음을 색깔로 칠해 표정을 완성하세요.
(예: 비행기 탔을 때 무서웠는데 동생이 손을 잡아 주었어)

7월 2째주 — 하나님은 만족함을 느낄 수 있는 것을 많이 주셨어요

시작 기도

하나님 아버지, 오늘 이야기를 통해 진정한 만족은 어디에서 오는지 알게 해주세요. 예수님의 이름으로 기도합니다. 아멘.

느끼는 대로

글·그림 피터 H. 레이놀즈 | **출판사** 문학동네

레이몬은 그림 그리기를 좋아합니다. 어느 날 꽃병을 그리고 있을 때 형 레온이 도대체 뭘 그리는 거냐고 비웃자 레이몬은 종이를 구겨 버립니다. 그 뒤 뭐든지 똑같이 그리려고 하지만 잘 되지 않습니다. 결국 레이몬은 더 이상 그림을 그리지 않기로 합니다. 동생 마리솔이 레이몬이 구겨 버린 종이를 집어 들고 도망쳐서 쫓아가 보니 방안에는 레이몬의 그림이 가득 붙어 있었습니다. 동생은 레이몬의 그림이 느낌이 있다고 말합니다. 그 뒤 레이몬은 느끼는 대로 그림을 그렸고, 때로 붙잡을 수 없는 느낌은 마음껏 즐겼습니다.

말씀

사람이 먹을 수 있고, 마실 수 있고, 하는 일에 만족을 누릴 수 있다면, 이것이야말로 하나님이 주신 은총이다. 전 3:13

나눔

레이먼은 원래 어떤 아이였지? (그림 그리기를 좋아하는 아이) 형이 레이먼의 그림을 비웃자 레이먼은 그림을 그리기를 싫어했어. 하지만 어떤 이유로 다시 그림을 그리게 되었을까? (동생 마리솔이 레이먼의 그림을 느낌 있다고 이야기해 주면서부터) 느낌이 있는 그림은 어떤 그림인 것 같아? (마음을 즐겁게 해주는 그림, 똑같지는 않아도 비슷한 그림) 느낀 것을 표현할 수 있는 방법이 또 뭐가 있을까? (눈으로 보며 마음에 담아요, 춤을 춰요, 노래를 불러요 등)

우리 주위에는 하나님이 주신 좋은 것들이 참 많단다. 하나님은 우리에게 하늘과 땅과 바다와 산을 주시고 마음껏 누리게 하셨어. 뿐만 아니라 먹고 마시며 즐거워하게 하셨고, 하나님께서 주신 것으로 열심히 수고해서 보람을 느끼게 하셨지. 단지 수고한 것에 대한 결과로 행복하라고 말씀하신 것은 아니야. 레이먼은 똑같이 그림을 그리는 것을 목표로 두었기에 늘 만족하지 못했어. 하지만 여동생 마리솔의 이야기를 듣고 느끼는 그대로를 그림으로 표현할 때 즐겁고 신이 나기 시작했지. 우리도 그렇단다. 하나님이 우리에게 주신 좋은 것들을 우리가 가지고 있는 모든 것으로 느끼기 시작할 때, 모든 것을 소중히 여기게 되고 마음껏 즐기게 되는 것이지. 하나님이 주신 것을 우리 느낌 그대로 감사하고 즐기는 우리가 되자.

마무리 기도

하나님 아버지, 하나님이 주신 것을 맘껏 느끼고 누리며 살아가는 우리가 되게 해주세요. 예수님의 이름으로 기도합니다. 아멘.

> 활동

* 다음의 예시를 보고 색깔이나 소리, 몸짓, 표정 등으로 자신의 느낌을 표현해 보세요.

1. 우리 가족이 제일 맛있어하는 음식이 있나요?
   그 음식을 먹을 때 느끼는 감정을 표현해 봐요.

2. 따뜻한 햇볕 아래 우리 가족이 함께 모여 있어요.
   솔솔 부는 바람도 참 시원해요. 이때의 느낌을 표현해 봐요.

3. 가족이 함께 열심히 집안 청소를 했어요.
   청소를 끝낸 후 깨끗해진 집을 보며 느끼는 감정을 표현해 봐요.

| 7월 3째주 | 하나님이 비를 주셔서 우리는 즐거움을 누릴 수 있어요 |

시작 기도

하나님 아버지, 오늘 이야기를 통해 하나님이 창조하신 비의 유익을 알게 해주세요. 예수님의 이름으로 기도합니다. 아멘.

비가 주룩주룩

글·그림 다시마 세이조 | 출판사 미래아이

비 오는 날, 엄마가 외출을 하시고 금비와 은비는 집을 지킵니다. 창가에 바싹 붙어 창문 너머로 내리는 비를 구경하고 있는데, 커다란 나뭇잎 우산을 쓴 개구리가 오더니 올챙이들과 달팽이도 놀러 오고, 지난해 여름 금비가 강물에 풀어 준 메기까지 찾아옵니다. 금비와 은비는 동물들을 위해 나뭇잎 배를 3785개나 만들고, 모두 물 위에서 신나게 놉니다. 해가 비치고 엄마가 부르는 소리가 들립니다. 엄마가 케이크를 사 가지고 돌아오셨습니다.

말씀

하나님, 주님께서 흡족한 비를 내리셔서 주님께서 주신 메마른 땅을 옥토로 만드셨고. 시 68:9

나눔

금비와 은비는 비가 내리는 창문이 어떻게 보였어? (올챙이랑 달팽이 모양으로 보였어) 나무와 풀은 비가 오니깐 기분이 어떤 것 같아? (너무 신나서 춤을 추고 싶어졌지) 금비와 은비는 지난여름에 풀어 준 메기가 커다래져서 찾아왔을 때 어땠을까? (잘 풀어 주었다고 생각했을 것 같아, 많이 자라서 기뻤어) 금비와 은비는 동물들에게 나뭇잎 배도 만들어 주고, 함께 배 위에서 신나게 놀았어. 비 오는 날 식물들도 동물들도 금비도 은비도 모두 다 즐거운 시간을 보냈지.

하나님은 나와 너, 더 나아가 하나님이 만드신 모든 만물을 위해 비를 내려 주신단다. 하나님이 내려 주시는 비는 모자람 없이 모두를 만족시키고, 메마른 땅을 풍성한 옥토로 만들어 주지. 하나님은 모든 것을 회복시키시는 분이야. 비가 내리는 날, 금비와 은비는 엄마와 한 약속 때문에 집을 나가지 않으리라 다짐했지만, 비가 와서 기쁜 듯이 춤추는 숲의 나무와 풀과 밭의 채소들, 함께 놀자는 듯 부르는 동물들과 함께 마음껏 즐기게 되지. 하나님이 우리에게 주신 비는 참 좋은 거야. 비로 인해 모두 즐거워하고 신나하며 함께 어울릴 수 있으니까 말이야. 이처럼 좋은 비를 우리에게 주신 하나님께 감사하도록 하자.

마무리 기도

하나님 아버지, 비를 내려 주셔서 땅을 풍성하게 하시고 자연 모두에게 기쁨을 주셔서 감사해요. 예수님의 이름으로 기도합니다. 아멘.

활동

* 금비와 은비는 창문 너머에 내리는 비를 보며 올챙이, 달팽이를 상상했어요.
  우리 가족은 비를 보며 어떤 상상을 할까요? 그림으로 그려 보세요.

7월 4째주 하나님이 우리에게 필요한 물을 주셨어요

시작 기도

하나님 아버지, 오늘 이야기를 통해 물에 대해 더 많이 알게 해주세요. 예수님의 이름으로 기도합니다. 아멘.

안녕, 물!

글·그림 앙트아네트 포티스 | **출판사** 행복한그림책

물은 세상 어디에나 있습니다. 위로 아래로 뿌려지기도 하고 줄줄 흘러나오기도 합니다. 개울, 강, 바다, 호수, 수영장, 물웅덩이에 모여 있기도 하고, 눈물과 비가 되어 내리기도 합니다. 수증기가 되기도 하고, 구름과 안개가 되기도 하고, 얼음과 빙산으로 얼어붙기도 합니다. 스케이트장의 얼음과 눈은 즐거운 놀이를 하게 해줍니다. 살아있는 모든 것에는 물이 있습니다. 물은 고마운 존재입니다.

말씀

하나님이 뭍을 땅이라고 하시고, 모인 물을 바다라고 하셨다. 하나님 보시기에 좋았다. 창 1:10

나눔

물은 세상 어디에나 있단다. 어디에 어떤 모습으로 볼 수 있었지? (바다의 파도, 목욕할 때 뿌려지는 물 등) 물은 요술쟁이처럼 다양하게 모습을 바꾸고 있어. 어떤 모습이 있을까? (물 상태, 연기 상태, 얼음 상태) 물로 할 수 있는 건 무엇일까? (놀 수도 있고, 자라게 할 수도 있어) 살아있는 모든 것에는 물이 꼭 있단다.

하나님은 온 세상을 창조하셨어. 하늘의 해와 달과 별을 만드시고 하늘 아래의 바다와 땅을 만드셨지. 특히 하늘 아래 물을 한곳으로 모이게 하셔서 그곳을 바다라고 하시고, 드러난 뭍을 땅이라고 하시며 보시기에 좋았다고 말씀하셨어. 이처럼 물은 하나님이 우리에게 주신 참 좋은 것이란다. 물은 온갖 다채로운 모습과 느낌으로 우리 곁에 있어. 우리의 몸을 구성하기도 하고, 강이나 바다와 같은 자연에도 있지. 물로 장난을 치거나 놀이를 할 수도 있고, 무언가에 감동을 받을 때 눈물을 흘릴 수도 있어. 물은 우리와 아주 가깝게 있단다. 우리에게 이렇게 고맙고 좋은 물을 아끼고 잘 사용해서 하나님께 감사하는 우리가 되자.

마무리 기도

하나님 아버지, 물의 종류와 소중함을 알게 되었어요. 물을 소중히 여기는 우리가 되게 해주세요. 예수님의 이름으로 기도합니다. 아멘.

활동

1. 다음 중 하나님이 주신 소중한 물을 잘 사용하는 방법은 무엇인가요?

2. 우리 가족이 물을 아낄 수 있는 다른 방법에는 무엇이 있을까요?

8월 1째주 — 우리를 사랑하시는 하나님의 말씀을 듣고 따르면 두려움이 사라져요

시작 기도

하나님 아버지, 오늘 이야기를 통해 두려움을 이겨내는 방법을 배우게 해주세요. 예수님의 이름으로 기도합니다. 아멘.

수영장 가는 날

글·그림 염혜원 | 출판사 창비

토요일은 수영장 가는 날입니다. 그런데 토요일마다 배가 아픕니다. 첫째 날 선생님은 배가 아프면 수영장에 들어오지 않아도 된다고 합니다. 둘째 날 선생님의 도움으로 처음 물에 들어가니 물은 생각보다 따뜻했고 선생님과 함께 수영장 끝까지 건널 수 있었습니다. 다음 토요일에는 배도 아프지 않았고, 선생님께 발차기 칭찬도 받았습니다. 이제 불가사리가 되어 물에 떠 보니 물속은 조용했고 모든 것이 새롭게 보입니다. 이제는 배도 안 아플 겁니다.

말씀

오직 내 말을 듣는 사람은 안심하며 살겠고, 재앙을 두려워하지 않고 평안히 살 것이다. 잠 1:33

나눔

소녀는 왜 토요일마다 배가 아플까? (수영장에 가는 게 싫어서) 선생님이 도와줘서 처음 물에 들어갔을 때 소녀의 마음은 어땠을까? (두려움 반, 호기심 반이었을 것 같아) 연습한 발차기를 보여 줬을 때 선생님은 뭐라고 하셨지? ("와, 잘한다! 멋진데!" 하고 칭찬해 주셨어) 선생님이 등을 받쳐 주고 있다고 생각했을 때 물에 뜬 불가사리가 되어 보기도 했잖아. 그때 소녀는 무엇을 느꼈지? (물속은 조용했고 모든 게 새롭게 보였어)

아이는 물속에 들어가는 게 겁이 났는지 계속 배가 아팠어. 선생님은 아이를 억지로 물에 들어오게 하지 않고 기다려 주셨지. 또한 한 주일이 지난 후 아이가 물을 두려워하지 않도록 손을 내밀어 도와주셨단다. 이처럼 하나님은 우리가 잘할 수 있을 때까지 기다려 주시는 분이야. 또한 계속 격려해 주고 도와주시는 분이지. 하나님을 믿으면 어려움과 두려움이 없다는 게 아니야. 어려움이 있더라도 하나님께서 우리의 두려움을 사라지게 해주시고, 마음에 평안을 가져다주신단다. 아이가 선생님의 격려의 말을 듣고 물에 들어가자 두려움이 사라지게 되었던 것처럼 말이지. 우리를 기다려 주시고 용기를 불어넣어 주시는 하나님을 믿고 순종함으로 평안을 누리도록 하자.

마무리 기도

하나님 아버지, 어려움이 있더라도 하나님을 믿고 순종함으로 두려움을 이겨내는 우리가 되게 해주세요. 예수님의 이름으로 기도합니다. 아멘.

활동

* 눈을 감고 불가사리 안에 있는 점 위에 스티커나 동전, 바둑알, 동그란 과자 등을 올려 멋진 불가사리를 완성해 보세요. 다른 가족들이 점의 위치를 말해 주면 잘 듣고 그 위치에 올려놓아요.

8월 2째주 — 하나님과 함께라면 새로운 길로 갈 수 있어요

시작 기도

하나님 아버지, 오늘 이야기를 통해 도전할 수 있는 용기가 어떻게 생기는지 알게 해주세요. 예수님의 이름으로 기도합니다. 아멘.

걱정 마, 꼬마 게야!

글·그림 크리스 호튼 | 출판사 비룡소

바닷가 작은 웅덩이에 꼬마 게와 큰 게가 살았습니다. 둘은 큰마음을 먹고 바다에 가기로 합니다. 어디든 갈 수 있다고 자신했던 꼬마 게는 커다란 파도를 보며 두려워합니다. 바다가 무서워 돌아가고 싶어 하는 꼬마 게에게 큰 게는 "걱정 마, 괜찮을 거야"라고 다독이며 몇 발자국을 내딛어 보라고 합니다. 어마어마한 파도가 밀려오고 두 게는 아래로 내려가 신비한 바닷속을 탐색합니다.

말씀

그 궤를 멘 사람들이 요단 강까지 왔을 때에는, 마침 추수기간이어서 제방까지 물이 가득 차 올랐다. 그 궤를 멘 제사장들의 발이 요단 물 가에 닿았을 때에, 위에서부터 흐르던 물이 멈추었다. 수 3:15-16a

나눔

작은 웅덩이에 살고 있던 꼬마 게와 큰 게는 왜 바다로 가게 되었을까? (작은 웅덩이를 떠나 더 큰 곳으로 가보고 싶어서, 바다는 더 멋있는 세상일 거라 생각해서) 막상 작은 웅덩이를 떠나 바다에 도착한 꼬마 게는 어떤 마음이 들었지? (무섭고 가까이 가기 어려웠어, 돌아가고 싶었어) 그때 옆에 있던 큰 게는 꼬마 게에게 뭐라고 말했니? (괜찮을 거라고, 조금만 더 다가가 보자고 해) 꼬마 게는 결국 어떻게 바다에 들어가게 되었지? (큰 게가 손잡아 주고 먼저 용기를 내주어서) 만약 꼬마 게가 무서워서 바다에 처음 발을 딛지 못했다면 어떻게 되었을까? (재미있고 아름다운 바닷속을 보지 못하고, 바닷속 친구들도 못 만났을 거야)

여호수아와 이스라엘 사람들은 힘든 광야 생활을 40년간 보냈단다. 드디어 하나님이 약속하신 가나안 땅이 눈앞에 펼쳐졌지. 하지만 가나안 땅에 들어가기 전 요단강이라는 큰 장애물을 건너야 했어. 모두 두려워 돌아가고 싶어 했을 때 하나님은 여호수아를 다독이며 용기를 주셨어. 여호수아는 그 용기에 힘을 얻어 하나님의 말씀에 순종하기로 했지. 언약궤를 멘 제사장들의 발이 요단강가에 닿자, 요단강물은 더 이상 흐르지 않고 멈추어 섰단다. 이스라엘 백성은 그 사이를 안전하게 건너 가나안 땅에 들어갔지. 마치 큰 게가 꼬마 게에게 용기를 주어 아름다운 바닷속을 볼 수 있었던 것처럼 말이야. 우리도 하나님과 함께라면 어떤 새로운 것에도 도전할 수 있다는 사실을 기억하자.

마무리 기도

하나님 아버지, 하나님과 함께라면 새로운 길을 두려움 없이 떠날 수 있다는 사실을 기억할게요. 예수님의 이름으로 기도합니다. 아멘.

활동

* 가족 중 한 명과 손을 잡은 채로 눈을 가리고 길을 찾아가 보세요. 눈을 감지 않은 한 명이 옆에서 길을 잘 찾을 수 있도록 설명해 주세요. 중간에 선이 바깥으로 넘어가도 "괜찮아", "할 수 있어"라며 격려해 주세요.

| 8월 3째주 | **하나님은 아낌없이 베풀고 즐겨 나누라고 말씀하셨어요** |

시작 기도

하나님 아버지, 오늘 이야기를 통해 나눔의 의미를 알게 해주세요. 예수님의 이름으로 기도합니다. 아멘.

수박

글 허은순 / 그림 이정현 | 출판사 현암주니어

커다란, 아주 커다란, 무지무지하게 커다란 수박을 본 농부가 집에 가져갑니다. 수박을 자르려는데 농부는 어머니가 생각나 수박을 가져다줍니다. 어머니는 아기를 낳을 때가 된 막내딸과 박 서방이 생각나 가져다줍니다. 막내딸은 베트남에서 시집 온 띠엔이, 띠엔은 윗집 할아버지가, 할아버지는 앞이 안 보이는 어머니를 모시는 삼식이가 생각나 가져다줍니다. 삼식이는 어머니와 동물들에게 모두 나누어 주었습니다. 동물들은 모두 집으로 돌아가 똥을 누었고 다음해 집집마다 커다란 수박이 열렸습니다.

말씀

또 선을 행하고, 좋은 일을 많이 하고, 아낌없이 베풀고, 즐겨 나누어주라고 하십시오. 딤전 6:18

나눔

커다란, 아주 커다란, 무지무지하게 커다란 수박을 갖게 된다면 어떻게 하고 싶어? (먹어 보고 싶어) 그래, 대부분의 사람들은 보기 드문 아주 귀한 수박을 갖게 되면 자기가 먹으려고 하지만, 이야기 속의 사람들은 자신들이 먹기보다 다른 사람들에게 양보했어. 어떤 마음이 있어서 나누어 줄 수 있었을까? (걱정스러운 마음, 고마운 마음, 칭찬해 주고 싶은 마음 등) 사람들에게만 나누어 준 것이 아니라 동물들에게도 나누는 삼식이의 마음은 어떤 것이었을까? (먹고 싶어 하는 동물들도 한 가족이라고 생각했어)

바울은 디모데에게 한 가지 부탁을 했단다. 재산이 많은 부자들은 자신만을 위해 돈을 쌓아 두지 말고, 다른 사람 특히 가난하고 도움이 필요한 사람들에게 나누어 주라고 했어. 그것도 아낌없이 즐거이 베풀라고 했지. 이야기 속 농부는 커다란 수박을 발견했어. 정말 큰 부자가 된 것 같지? 하지만 그 수박은 계속 돌고 돌아 결국 앞 못 보는 어머니를 모시는 삼식이가 받게 되었어. 수박이 전달되었던 사람들은 모두 약하고 가난한 사람들이었어. 노인, 임산부, 이주민, 홀로 사는 어르신, 장애인 그리고 동물들이었지. 수박을 전해 받았던 이들 모두는 자신보다 다른 누군가에게 더 필요하다고 생각하고는 기쁜 마음으로 나누어 주었어. 결국 나눔을 했던 이들도, 나눔을 받은 이들도 모두 행복해졌단다. 우리도 주변에 관심이 필요한 사람들이 누군지 돌아보고, 우리가 가진 것들을 즐거운 마음으로 나누도록 하자.

마무리 기도

하나님 아버지, 다른 사람을 먼저 생각하고, 내가 가진 것을 기쁨으로 나누는 우리가 되게 해주세요. 예수님의 이름으로 기도합니다. 아멘.

> 활동

* 우리 가족이 나눌 수 있는 것들을 적어 보세요.

시간을 나눠요. (누군가를 위해 기도하는 시간, 함께 노는 시간 등)

( ) 는
( ) 에게 시간을 나누기로 해요.

물건을 나눠요. (아끼는 물건, 주고 싶은 선물 등)

( ) 는 ( ) 에게
( ) 을 나누기로 해요.

음식을 나눠요. (과자, 아이스크림 등)

( ) 는 ( ) 에게
( ) 을 나누기로 해요.

다른 이들과 나누고 싶은 것을 자유롭게 적어 보세요.

8월 4째주 | 마음을 잘 다스리는 지혜로운 사람이 되어요

시작 기도

하나님 아버지, 오늘 이야기를 통해 감정 표현을 어떻게 해야 하는지 알게 해주세요. 예수님의 이름으로 기도합니다. 아멘.

소피가 화나면, 정말 정말 화나면
글・그림 몰리 뱅 | **출판사** 책 읽는 곰

고릴라 인형을 가지고 놀던 소피는 자기 차례라며 인형을 가져가는 언니 때문에 화가 났습니다. 소피는 닥치는 대로 부숴 버리고 싶습니다. 시뻘겋게 소리를 지르는 소피는 곧 폭발할 화산 같습니다. 소피는 집을 나와 숲으로 달릴 수 없을 때까지 달립니다. 한참 동안 울기도 합니다. 그러다 소피는 바위, 나무를 발견하고 새소리를 듣습니다. 나무 위에 올라간 소피는 머리카락을 어루만지는 산들바람과 넓은 세상의 위로로 기분이 좋아집니다. 집은 따뜻하고 다른 가족들도 소피가 집에 돌아와 기뻐합니다.

말씀

노하기를 더디 하는 사람은 용사보다 낫고, 자기의 마음을 다스리는 사람은 성을 점령한 사람보다 낫다.
잠 16:32

나눔

소피처럼 화가 난 적이 있었니? (친구가 내 물건을 빼앗아 갈 때 화가 났었어) 그래, 속상했겠구나. 언제든 우리는 화가 날 수 있어. 그런데 소피는 화가 난 마음을 어떻게 잘 다스렸지? (달리기도 하고, 울기도 하고, 새소리도 듣고, 바다를 보면서 화난 마음을 가라앉혔어) ○○는 화가 날 때 어떻게 마음을 다스려? (베개를 막 때리면 화가 풀려) 그랬구나.

하나님은 화가 나는 마음을 바로 표현하기보다 조금 천천히 그 감정을 들여다보며 생각해 보는 것이 필요하다고 말씀하셨어. 화가 났을 때 내 마음을 돌아보고 생각해 본다는 건 정말 어려운 일이지. 그래서 하나님은 "마음을 다스리는 사람은 성을 점령한 사람보다 낫다"고 하셨단다. 옛날에 성을 점령한다는 건 정말 어려운 일이었어. 모든 힘을 쏟고 마음을 모아도 실패하는 경우가 많았지. 화가 나는 마음을 다스린다는 것은 그만큼 어려운 일이고, 그 일을 이루어 낸다는 건 정말 대단한 거야. 그 대단한 일을 하는 사람들을 하나님은 칭찬하고 계셔. 소피가 화나는 감정을 자연을 바라보며 가라앉혔듯, 우리도 마음속 화를 가라앉히는 연습을 해보자. 우리의 마음을 돌보시고 우리의 질문에 대답하시는 하나님께 기도하며 우리만의 방법을 찾아보는 것이지. 쉽지는 않겠지만, 하나님께 여쭈어보며 노력하면 우리의 마음을 잘 다스릴 수 있을 거야.

마무리 기도

하나님 아버지, 우리의 마음과 감정을 잘 다스릴 수 있도록 도와주세요. 예수님의 이름으로 기도합니다. 아멘.

활동

* 내가 화가 날 때 어떻게 하면 화를 가라앉힐 수 있을까요? 화나는 온도에 따라 어떻게 할지 생각해 보고 빈칸에 적어 보세요.

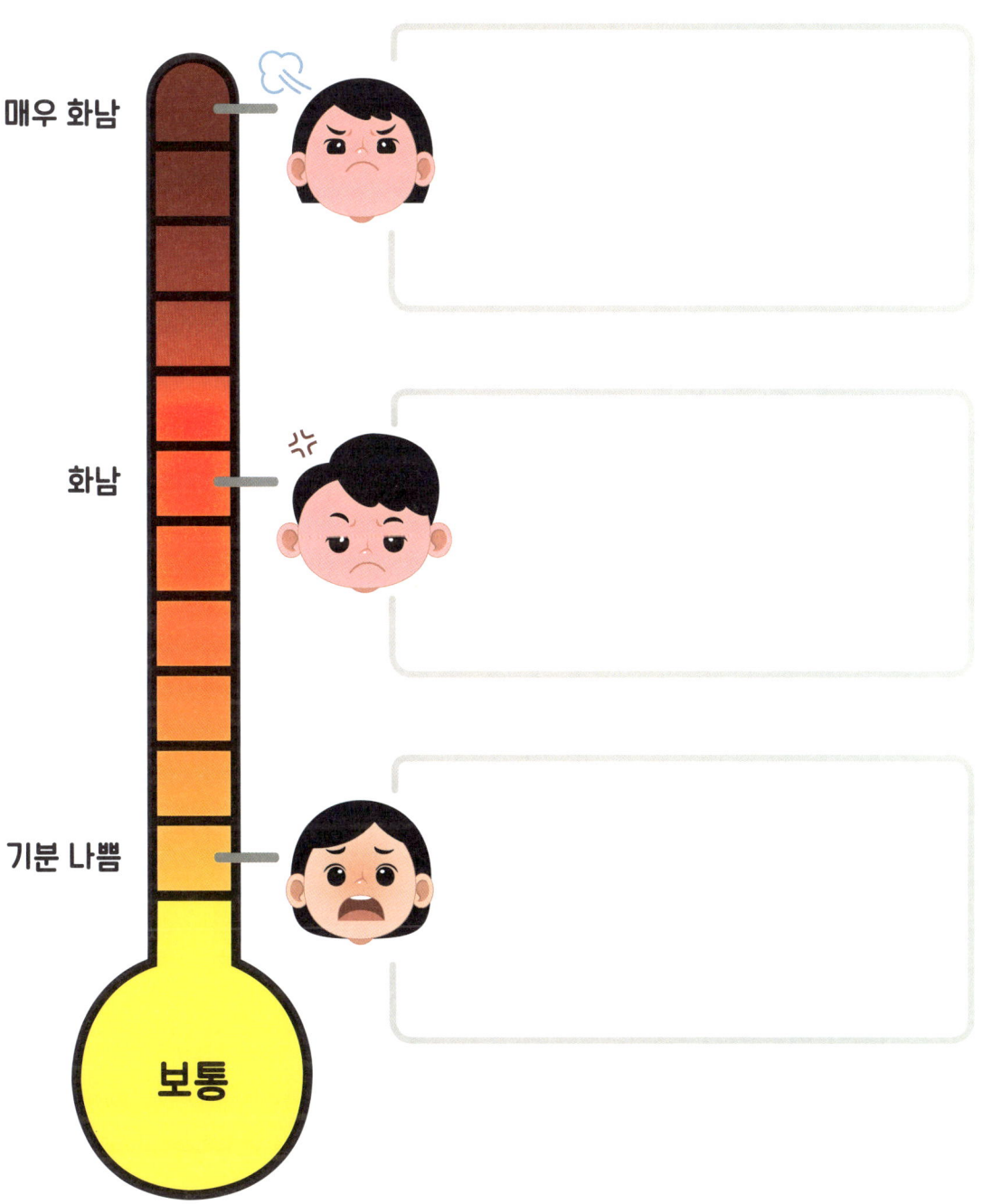

8월 5째주 | 친구의 실수를 이해하며 친구를 아껴 주어요

시작 기도

하나님 아버지, 오늘 이야기를 통해 용서의 의미를 알게 해주세요. 예수님의 이름으로 기도합니다. 아멘.

진짜 친구

글·그림 구스노키 시게노리 | **출판사** 베틀북

나는 마나부와 히데토시와 함께 상수리나무의 장수풍뎅이를 잡으러 올라갔습니다. 그때 요놈할아버지가 허락도 없이 남의 나무에 올라갔다며 소리치십니다. 히데토시는 나무에 안 올라갔다며 도망치고, 나와 마나부도 망설이다 도망쳤습니다. 그런데 히데토시가 넘어져 할아버지께 잡힙니다. 둘은 할아버지가 무섭기는 했지만 히데토시가 걱정되어 돌아가 용서해 달라고 말합니다. 그런데 할아버지는 멋대로 나무에 올라가 곤충을 잡고 도망친 건 잘못했지만 친구를 생각해서 돌아온 것은 대견하다고 칭찬해 주십니다.

말씀

허물을 덮어 주면 사랑을 받고, 허물을 거듭 말하면 친구를 갈라놓는다. 잠 17:9

나눔

주인공과 마나부는 요놈할아버지의 호통에 먼저 도망치는 히데토시를 보며 어떤 마음이었지? (혼자만 도망치니까 치사하다고 생각했어) 넘어진 히데토시가 "같이 가!"라고 외쳤지만 둘은 그대로 도망쳤어. 히데토시의 마음은 어떠했을까? (먼저 도망친 게 미안하기는 했지만, 친구들이 자기만 놓고 도망쳐서 속상했을 것 같아) 둘은 요놈할아버지가 무서워서 도망치기는 했지만 남겨져서 울고 있을 히데토시를 생각하니까 마음이 좋지 않았어. 그래서 어떤 마음으로 히데토시를 구하러 가지? (좋을 때만 친구는 진짜 친구가 아니라고, 혼나도 같이 혼나고 무섭더라도 친구를 구해야 한다고 생각해서) 돌아온 친구를 보며 히데토시의 마음은 어떠했을까? (돌아와서 너무 기뻤어, 진짜 친구가 있어서 행복했을 것 같아)

허물이란 잘못 저지른 실수를 말한단다. 사람은 누구나 실수를 하지. 그렇다면 다른 사람의 허물은 어떻게 대해야 할까? 성경은 허물을 덮어 주어야 한다고 말한단다. 덮어 준다는 건 못 본 척한다는 게 아니야. 잘못은 말하되, 실수는 용서해 주는 것이란다. 도망을 간 주인공과 마나부는 히데토시가 걱정되어 다시 돌아가 요놈할아버지에게 용서를 구했는데, 할아버지는 웃으면서 그들의 잘못을 용서해 주셨어. 또한 히데토시가 친구들에게 먼저 도망간 것에 대해 용서를 구하자, 친구들도 잘못을 지적하기보다는 용서해 주었지. 예수님도 그렇단다. 우리가 잘못을 고백할 때 이해해 주시고 언제나 용서해 주시지. 우리의 친구 되신 예수님께서 우리의 실수를 용서해 주시는 것처럼, 우리도 친구를 용서해 주도록 하자.

마무리 기도

하나님 아버지, 우리를 인내하시고 용서하신 예수님처럼 우리도 친구의 실수를 이해하며 용서할 수 있도록 인도해 주세요. 예수님의 이름으로 기도합니다. 아멘.

활동

* 친구를 이해하고 사랑하는 방법은 무엇인지 찾아보고 알맞은 그림에 동그라미를 그려 보세요.

9월 1째주 | 좋은 때는 기뻐하고 어려운 때는 생각해요

시작 기도

하나님 아버지, 오늘 이야기를 통해 하나님의 뜻을 알게 해주세요. 예수님의 이름으로 기도합니다. 아멘.

그건 내 조끼야

글 나카에 요시오 / 그림 우에노 노리코 | **출판사** 비룡소

엄마가 짜 주신 조끼를 입은 생쥐가 있습니다. 조끼를 입은 모습이 멋져 보입니다. 그런 생쥐에게 오리가 멋진 조끼라 감탄하며 한번 입어 보자고 부탁합니다. 오리에게 조금 끼는 것 같습니다. 원숭이, 수달, 사자, 말, 코끼리도 멋진 조끼라며 한번 입어 봅니다. 코끼리가 입은 조끼를 보고 생쥐를 놀랍니다. 돌려받은 조끼는 매우 늘어나 있어 생쥐는 속상합니다. 그런데 코끼리가 늘어난 조끼로 생쥐를 그네 태워 줍니다.

말씀

좋은 때에는 기뻐하고, 어려운 때에는 생각하여라. 하나님은 좋은 때도 있게 하시고, 나쁜 때도 있게 하신다. 그러기에 사람은 제 앞일을 알지 못한다. 전 7:14

나눔

엄마가 짜 주신 조끼를 입은 생쥐는 어떤 마음이었을까? (너무 기뻤어. 엄마가 만들어 주신 거고, 멋지기까지 했거든) 그래, 멋진 조끼를 입고 행복했던 것 같아. 그 조끼가 다른 동물들도 멋있어 보였나 봐. 너도 나도 입어 보고 싶어 했어. 조끼를 입은 동물들이 멋져 보이니? (좀 귀여운 것 같기도 해) 그런데 점점 큰 동물들이 입어 보면서 조끼는 어떻게 되었지? (엄청 늘어났어) 맞아, 코끼리가 입은 조끼를 보고 생쥐는 놀라고 실망했어. 그런데 어떤 일이 벌어졌지? (늘어난 조끼로 코끼리가 생쥐를 그네 태워 줬어) 조끼로 만든 그네는 어땠을까? (신났을 것 같아, 생쥐한테는 또 다른 선물이야)

살다 보면 좋은 때만 있는 것은 아니란다. 나쁜 때도 있지. 좋은 때는 맘껏 기뻐하면 되고, 나쁜 때는 실망만 하지 말고, 그것을 선하게 바꾸실 하나님께 기도하면 되는 거야. 생쥐는 엄마가 만들어 준 조끼를 입고 무척 행복했어. 하지만 친구들에게 빌려 주면서 조끼가 늘어나게 되자 속상했지. 생쥐는 좋은 일과 나쁜 일을 한꺼번에 경험하게 된 거야. 하지만 늘어진 조끼로 즐거운 그네를 타게 되리라고 상상이나 했을까? 우리는 누구도 자기의 앞날을 알지 못한단다. 오직 하나님만 모든 것을 아시지. 그 하나님을 의지하며 살아가는 우리가 되자.

마무리 기도

하나님 아버지, 우리의 모든 것을 아시고 책임져 주시는 하나님을 믿으며 살게 해주세요. 예수님의 이름으로 기도합니다. 아멘.

활동

* 늘어난 조끼로 우리는 무엇을 할 수 있을지 생각해 보세요. (예: 줄다리기를 해요, 키를 재요 등)

9월 2째주 — 주님의 길을 보고 깨닫는 지혜로운 사람이 되어요

시작 기도

하나님 아버지, 오늘 이야기를 통해 배움의 기쁨을 알게 해주세요. 예수님의 이름으로 기도합니다. 아멘.

그건 내 거야!
글 · 그림 아누스카 아예푸스 | 출판사 비룡소

정글의 코끼리 다섯 마리는 나무 열매를 좋아합니다. 그러던 어느 날 깊은 정글에서 새로운 나무의 신기한 열매를 발견합니다. 첫 번째 코끼리는 긴 코를 뻗지만 닿지 않습니다. 두 번째 코끼리는 나뭇잎 비행기를 타지만 나무를 지나칩니다. 세 번째 코끼리는 나무를 타지만 주르륵 내려오고 네 번째 다섯 번째 코끼리는 나무를 향해 달려가며 "내가 먹을 거라고"라고 외칩니다. 그런데 작은 다섯 마리 생쥐가 힘을 모아 열매를 옮기며 "우리 같이 먹자"라고 말하는 것을 듣고 코끼리들도 "우리 같이 먹자"를 외치며 같이 열매를 따고 같이 먹습니다.

말씀

나를 도우셔서, 주님의 법도를 따르는 길을 깨닫게 해주십시오. 주님께서 이루신 기적들을 묵상하겠습니다. 시 119:27

나눔

나무 열매를 좋아하던 코끼리들은 새롭고 신기한 나무 열매를 발견하고 어떻게 했지? (각자 자기 거라며 혼자서 열매를 차지하려고 했어) 다섯 마리의 코끼리들은 같이 그 열매를 먹을 수 있을 거라고 생각하지 못했어. 커다란 몸과 기다란 코가 있는 코끼리는 늘 자기 혼자만의 힘으로 열매를 얻고 먹는 것에 익숙했었던 거 같아. 하지만 같이 먹을 수 있다는 걸 어떻게 알게 되었지? (작은 생쥐들이 같이 열매를 따고 같이 먹자는 말을 하는 것을 들으면서 알게 되었어)

시편을 쓴 기자는 하나님의 말씀이 무엇인지, 하나님의 뜻이 무엇인지, 하나님이 기뻐하시는 선한 일이 무엇인지 깨닫기 위해서는 하나님의 은혜가 필요하다는 것을 잘 알고 있었어. 사실 우리는 무엇이 선하고 옳은 일인지 잘 모르고 행동할 때가 많아. 코끼리들이 함께 먹는 기쁨이 무엇인지 몰랐던 것처럼 말이야. 하지만 코끼리들은 생쥐들이 함께 배를 따 먹는 모습을 보고 깨닫게 되었어. 함께할 때 배를 쉽게 딸 수 있을 뿐 아니라 기쁘다는 것을 말이야. 코끼리들이 보고 배운 대로 행동함으로 맛있는 열매를 같이 먹고 행복을 느꼈던 것처럼, 우리도 하나님 말씀을 듣고 그 길을 따르며 행복을 누리는 사람이 되도록 하자.

마무리 기도

하나님 아버지, 말씀을 듣고 따름으로 기쁨을 누리는 우리가 되게 해주세요. 예수님의 이름으로 기도합니다. 아멘.

활동

* 코끼리가 생쥐들을 보며 서로 함께하면 배를 먹을 수 있다는 것을 배우게 된 것처럼, 우리도 누군가의 행동이나 말 등을 보며 알게 된 것이 있는지 생각해 보세요.

아빠의 모습을 보며 (　　　　　　　)을 알게 되었어요.

엄마의 모습을 보며 (　　　　　　　)을 알게 되었어요.

고양이의 모습을 보며 (　　　　　　　)을 알게 되었어요.

9월 3째주 — 하나님이 주신 마음과 물건을 함께 나누어요

시작 기도

많은 것을 우리에게 주시는 하나님 아버지, 오늘 이야기를 통해 이웃과 나누는 기쁨이 얼마나 큰지 알게 해주세요. 예수님의 이름으로 기도합니다. 아멘.

감자 이웃
글·그림 김윤이 | **출판사** 고래이야기

어색한 인사를 주고받던 한 아파트의 주민들이 있습니다. 103호 할아버지는 텃밭에서 캔 감자를 이웃 주민들에게 나누어 줍니다. 그 감자로 203호 재하네는 닭볶음탕을, 303호는 감자전을, 304호 신혼부부는 감자구이를, 403호 아가씨는 생선조림을, 404호 아기엄마는 감자샐러드를, 504호 태은이네는 카레를 만들어 할아버지와 나누어 먹습니다. 이제는 서로 먼저 웃으며 인사하는 아파트의 주민입니다.

말씀

선을 행함과 가진 것을 나눠주기를 소홀히 하지 마십시오. 하나님께서는 이런 제사를 기뻐하십니다.
히 13:16

나눔

103호 할아버지는 어떤 할아버지인 것 같아? (먼저 인사하는 사람, 화단을 가꾸는 사람, 감자를 나눠 준 할아버지, 혼자 사는 할아버지) 아파트 화단을 가꾸는 일은 꼭 할아버지만의 일이 아니었는데도 할아버지는 화단을 가꾸었지. 어떤 마음으로 이 화단을 가꾸셨을까? (꽃을 사랑하는 마음으로, 이웃을 행복하게 해주려고) 인사도 마찬가지야. 인사에 어색해하는 사람들한테도 할아버지는 왜 계속 인사를 했을까? (이웃이니까, 반가운 마음으로)

하나님께서 기뻐하시는 것에는 하나님께 기도하고 찬양하고 예배를 드리는 것뿐 아니라, 이웃을 내 몸처럼 사랑하는 것도 있단다. 오늘 말씀처럼 다른 사람에게 친절을 베풀며, 가난하고 어려운 사람들에게 내가 가진 것을 나누어 주는 것이지. 우리가 나눌 수 있는 것은 단지 돈만이 아니란다. 다른 사람을 공경하는 마음으로 인사할 수도 있고, 내가 넉넉하게 가진 물건을 나눌 수도 있고, 다른 사람의 상황과 형편을 보살펴 줄 수도 있어. 103호 할아버지는 이웃집 사람들에게 감자만 준 것이 아니었어. 집 앞 화단을 가꾸어 사람들이 오고 갈 때마다 행복을 주었고, 언제나 밝은 인사로 사람들을 반갑게 맞아 주었단다. 우리도 하나님이 주신 마음과 물건을 이웃과 나눔으로 모두 함께 행복을 누리도록 하자.

마무리 기도

하나님 아버지, 하나님이 주신 많은 것으로 이웃과 나누는 우리가 되게 해주세요. 예수님의 이름으로 기도합니다. 아멘.

활동

* 우리가 나눌 수 있는 것들에는 무엇이 있을지 그림을 그리거나 적어 보세요.

9월 4째주
하나님이 좋은 친구로 동물을 주셨어요

시작 기도

하나님 아버지, 오늘 이야기를 통해 우리 주위에 있는 동물들이 얼마나 소중한 존재인지 알게 해주세요. 예수님의 이름으로 기도합니다. 아멘.

메리
글·그림 안녕달 | **출판사** 사계절

설날 아침 강생이 키우자는 할아버지 말씀에 아빠는 옆 동네에서 강아지를 데리고 옵니다. 바로 메리입니다. 밤늦도록 엄마를 찾아 낑낑대던 메리는 아무나 봐도 짖지도 않고 꼬리를 흔들흔들합니다. 할아버지가 떠나고 할머니와 살며 메리는 강아지 세 마리를 낳습니다. 강아지들은 옆 마을 할머니, 쌀집 아저씨, 부모님 이혼 후 할머니 집에 살게 된 옆집 소녀에게 가게 됩니다. 모두가 떠난 추석 저녁, 할머니와 메리는 한우를 나눠 먹으며 함께 있습니다.

말씀

주 하나님이 들의 모든 짐승과 공중의 모든 새를 흙으로 빚어서 만드시고, 그 사람에게로 이끌고 오셔서, 그 사람이 그것들을 무엇이라고 하는지를 보셨다. 그 사람이 살아 있는 동물 하나하나를 이르는 것이 그대로 동물들의 이름이 되었다. 창 2:19

나눔

메리는 어떤 개일까? (아무나 봐도 짖지 않고 꼬리를 흔드는 개, 사람을 좋아하고 늘 반겨 주는 개) 그렇다면 할머니에게 메리와 강아지들은 어떤 동물일까? (이름을 지어 줄 정도로 친근한 개, 할아버지가 죽고 난 이후 위로가 되어 주는 개) 이웃집 할머니, 슈퍼마켓 할아버지, 할머니 집에서 살게 된 아이에게 가게 된 새끼 강아지들은 이제 그곳에서 어떤 친구로 살게 될까? (서로에게 위로가 되고 친구가 되는 개로 살 것 같아)

하나님은 인간을 만드신 것만으로 기뻐하지 않으셨단다. 물고기, 새, 동물들도 만드시고 보기에 좋았다고 말씀하셨지. 하나님은 인간과 동물이 서로 도우며 살도록 함께 지으셨어. 하나님은 모든 짐승과 새를 만드시고는 아담에게 이름을 짓게 하셨는데, 이름을 지어 준다는 것은 서로에게 특별한 관계가 된다는 뜻이란다. 할머니가 강아지에게 '메리'라는 이름을 지어 주고 특별한 관계를 맺어 갔던 것처럼 말이야. 메리가 할머니의 좋은 친구가 되어 주고, 할머니는 메리를 돌보며 살아간 것처럼, 우리도 하나님이 우리에게 주신 동물들과 좋은 관계를 맺으며 살아가자.

마무리 기도

하나님 아버지, 우리의 친구가 되는 동물들과 함께 살게 해주셔서 감사합니다. 동물들을 더 많이 돌보고 사랑하는 우리가 되게 해주세요. 예수님의 이름으로 기도합니다. 아멘.

활동

* 내가 만난 동물친구나 만나고 싶은 동물친구를 그림으로 그려 보고 소개해 주세요.

9월 5째주 — 다르게 보여도 우리는 하나님 안에서 한 가족이에요

시작 기도

하나님 아버지, 오늘 이야기를 통해 각기 다른 우리가 서로를 어떻게 바라봐야 하는지 알게 해주세요. 예수님 이름으로 기도합니다. 아멘.

나도 고양이야!
글·그림 갈리아 번스타인 | **출판사** 현암주니어

작은 고양이 한 마리가 사자, 치타, 퓨마, 검은 표범, 호랑이에게 와서 자기도 같은 고양이라고 말합니다. 자신과 같은 것이 하나도 없다며 고양이를 비웃는 동물들에게 고양이는 같은 점이 많다고 말합니다. 귀가 뾰족하고 작은데다 코가 납작하고, 수염과 꼬리가 길고, 이빨과 발톱이 날카롭고, 어둠 속에서도 잘 볼 수 있는 커다란 눈이 있는 것이 같습니다. 조금 작을 뿐이지만요. 그들은 같은 고양이며 한 가족인 것을 깨닫고 크든 작든 함께 어울려 놉니다.

말씀

그러므로 여러분은 거짓을 버리고, 각각 자기 이웃과 더불어 참된 말을 하십시오. 우리는 서로 한 몸의 지체들입니다. 엡 4:25

나눔

사자나 치타, 퓨마, 표범, 호랑이는 작은 고양이 시몬이 "나도 같은 고양이야"라고 이야기할 때 왜 웃었을까? (자기들은 크고 빠르고 사나운데, 고양이는 덩치도 작고 힘도 약하기 때문이지) 하지만 고양이 시몬은 그들과 다른 점도 있지만 같은 점도 있다고 이야기했어. 다른 친구들과 같은 점은 어떤 게 있었을까? (귀가 뾰족하고 작은 데다 코가 납작하고, 수염과 꼬리가 길고, 이빨과 발톱이 날카롭고, 어둠 속에서도 잘 볼 수 있는 커다란 눈이 있어)

그래, 각 동물마다 갈귀가 있거나, 검은 줄무늬가 있거나, 높이 뛰거나, 빨리 달릴 수 있는 차이점도 있지만, 서로 같은 점도 많이 있단다. 같은 점을 찾아보면 서로 가족이 될 수 있어. 고양이 시몬이 고양잇과에 속한 특징들을 가지고 있기에 능력이 다르고 사는 곳이 다른 동물들과 가족이 될 수 있었던 것처럼, 우리에게도 하나님 안에서 한 가족으로 불러 주신 가족이 많이 있단다. 나이도 다르고, 사는 곳도 다르고, 하는 것도 다르고, 좋아하는 것도 다르지만, 하나님을 사랑하고, 이웃을 사랑한다면 우리 모두 예수님 안에서 한 가족이지. 그렇다면 예수님 안에 한 가족인 우리는 어떻게 해야 할까? 상대방을 있는 모습 그대로 받아들이고, 서로를 친절히 대하며, 서로를 칭찬하고, 서로를 위해 기도하는 우리가 되도록 하자.

마무리 기도

하나님 아버지, 서로 다르지만 상대방을 있는 모습 그대로 받아들이고, 한 가족과 같이 사랑하며, 서로 칭찬하는 우리가 되게 해주세요. 예수님의 이름으로 기도합니다. 아멘.

> 활동

* 하나님을 아는 한 몸, 한 지체인 우리가 가지고 있는 '같은 마음'은 무엇일까요?
'같은 마음'을 찾아 해당 색깔에 색을 칠해 보고 어떤 그림이 나오는지 알아맞혀 보세요.

1. 다른 친구들을 위해 하나님께 기도해요. (맞으면 갈색 / 틀리면 색칠하지 않아요)
2. 사과를 받아 주지 않아요. (맞으면 보라색 / 틀리면 색칠하지 않아요)
3. 전기나 물을 아껴 써요. (맞으면 빨간색 / 틀리면 색칠하지 않아요)
4. 쓰레기를 길에 버려요. (맞으면 검정색 / 틀리면 색칠하지 않아요)
5. 다른 사람의 이야기를 귀 기울여 잘 들어줘요. (맞으면 초록색 / 틀리면 색칠하지 않아요)
6. 거짓말을 해요. (맞으면 주황색 / 틀리면 색칠하지 않아요)
7. 하나님께 예배드리는 시간을 기다려요. (맞으면 노란색 / 틀리면 색칠하지 않아요)
8. 친구를 용서하지 않아요. (맞으면 회색 / 틀리면 색칠하지 않아요)
9. 먼저하고 싶으면 순서를 기다리지 않아요. (맞으면 분홍색 / 틀리면 색칠하지 않아요)
10. 친구가 울고 있을 때 함께 있어 줘요. (맞으면 하늘색 / 틀리면 색칠하지 않아요)

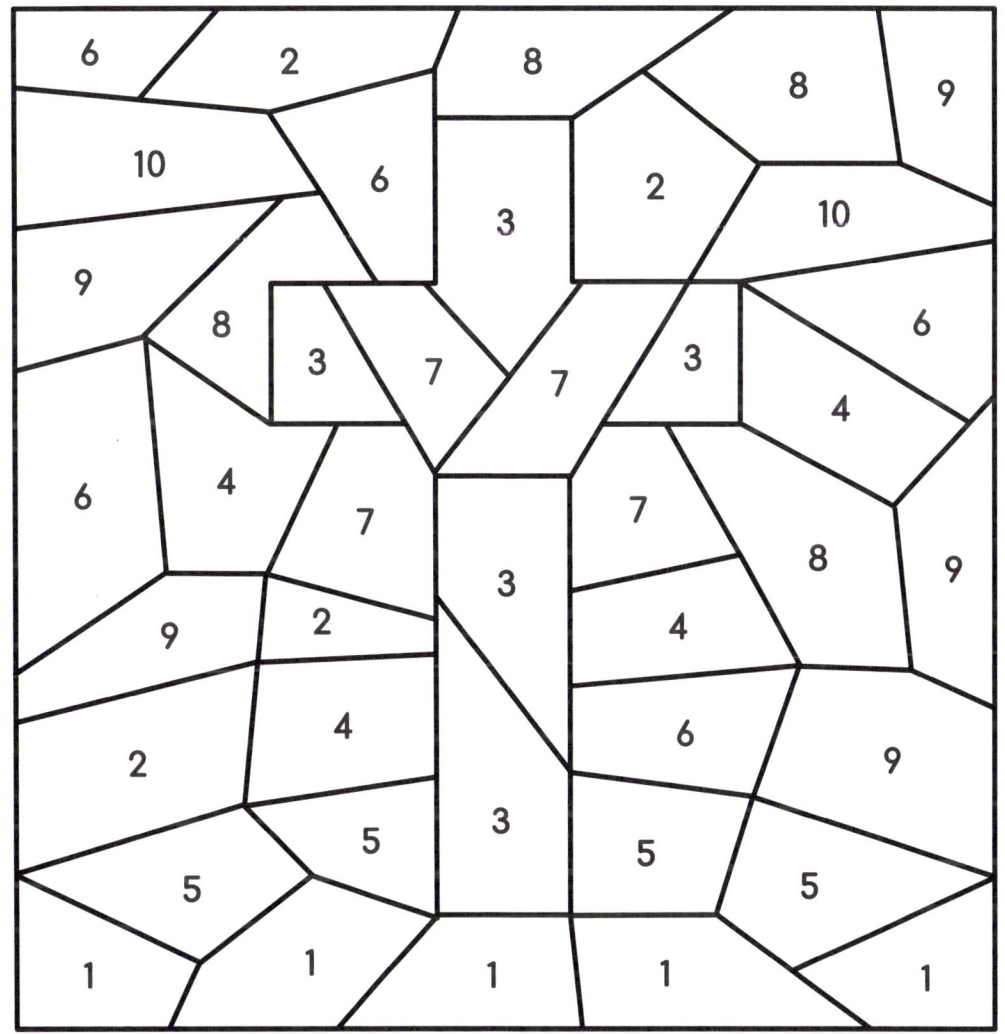

10월 1째주 — 하나님이 주신 것에 감사하며 욕심부리지 않아요

시작 기도

하나님 아버지, 오늘 이야기를 통해 시험이 올 때 우리가 어떻게 해야 하는지 알게 해주세요. 예수님의 이름으로 기도합니다. 아멘.

손가락 아저씨

글 조은수 / **그림** 김선배 | **출판사** 한솔수북

손가락 아저씨가 길에서 말랑달콤 호박떡을 보았습니다. 혼자 먹을 생각으로 같이 먹자는 동물들을 피해 시냇가, 외양간, 마루 밑, 나무 위, 구름 위로 도망갑니다. 그러다 결국 달님한테까지 가게 되는데 방아 찧던 토끼들은 우리 떡을 훔쳤다며 화를 냅니다. 아저씨는 놀라 구름 위, 나무 위, 마루 밑, 외양간으로 피하지만 동물들은 욕심쟁이라며 공격합니다. 결국 시냇가에 빠진 손가락 아저씨는 붕어에게 잡아먹히고 맙니다. 그리고 호박떡은 길 위에 덩그러니 남아 있습니다.

말씀

사람이 시험을 당하는 것은 각각 자기의 욕심에 이끌려서, 꾐에 빠지기 때문입니다. 욕심이 잉태하면 죄를 낳고, 죄가 자라면 죽음을 낳습니다. 약 1:14-15

나눔

손가락 아저씨는 말랑달콤 호박떡을 발견하고 어떻게 했지? (혼자 먹으려고 했어) 아저씨는 왜 혼자 먹으려고 했을까? (남 주기 싫어서) 결국 아저씨는 욕심을 부리다가 물고기에게 잡아먹히게 되었어. 만약 아저씨가 주인을 찾아주려고 했거나, 다른 친구들과 나누어 먹었다면 어떻게 되었을까? (오래오래 살면서 다른 친구들과 사이좋게 지냈을 거야)

어떤 것을 지나치게 더 가지고 싶어 하는 것을 욕심이라고 해. 이 욕심의 마음을 갖게 되면 점점 더 하나님이나 다른 사람이 아닌 자신만 생각하게 된단다. 욕심을 부리면 하나님과 사람으로부터 멀어지게 되는데, 이것을 성경에서는 죄라고 말하지. 이 죄는 쑥쑥 자라서 결국 마음과 영혼을 죽게 만든단다. 마치 손가락 아저씨가 욕심을 계속 부리다가 결국 죽음에 이르게 되었던 것처럼 말이야. 우리는 자신만 생각하는 욕심의 마음이 아닌, 다른 사람들을 생각하고 나눌 줄 아는 마음을 갖도록 하자.

마무리 기도

하나님 아버지, 하나님이 주신 것에 욕심을 부리지 않고 나누는 우리가 되게 해주세요. 예수님 이름으로 기도합니다. 아멘.

활동

* 손도장을 찍어서 캐릭터를 만들고 이야기도 지어 보세요.

10월 2째주 — 나누면 나눌수록 하나님이 넘치게 채워 주세요

시작 기도

하나님 아버지, 오늘 이야기를 통해 나눔의 의미를 배울 수 있게 해주세요. 예수님의 이름으로 기도합니다. 아멘.

자꾸자꾸 초인종이 울리네
글·그림 팻 허친스 | 출판사 보물창고

엄마가 만들어 주신 과자 열두 개가 있습니다. 샘과 빅토리아가 둘이서 여섯 개씩 나누어 먹으려고 할 때, 톰과 한나가 놀러 옵니다. 이제는 4명, 세 개씩 나누어 먹으려는데 피터와 동생이 옵니다. 이제 6명, 두 개씩 나누어 먹으려는데 조이와 사이먼 그리고 네 명의 사촌들이 와서 모두 12명이 됩니다. 그리고 또다시 초인종이 울립니다. 할머니께서 쿠키를 구워 가지고 오셨습니다.

말씀

또, 우리가 여러분을 사랑하는 것과 같이, 주님께서 여러분끼리 서로 나누는 사랑과 모든 사람에게 베푸는 여러분의 사랑을 풍성하게 하고, 넘치게 해 주시기를 빕니다. 살전 3:12

나눔

엄마가 과자를 만들어 주셨을 때 샘과 빅토리아의 기분은 어땠을까? (너무 행복했을 것 같아. 엄마가 만들어 주시는 건 맛있으니까) 그런데 톰과 한나가 오고, 피터와 동생이 오고, 조이와 사촌들까지 오면서 자신들이 먹을 수 있는 과자가 점점 줄어들었어. 이때는 어떤 마음이었을까? (나누어 먹는 게 좋기도 하지만 먹을 게 줄어들어서 속상했을 것 같아) 그런데 할머니가 많은 과자를 구워 오신 걸 보면서 어떤 생각을 하게 되었을까? (역시 맛있는 것은 나눠 먹어야 좋은 거라고 생각했어)

바울은 데살로니가 교회에게 편지를 보내면서 서로를 사랑하고, 인내하며, 나누면서 살라고 이야기했어. 하나님이 기대하시는 나눔은 단지 자기 가족에게만이 아니라 주변의 이웃들과 세상의 모든 사람에게까지 흘러가는 것이란다. 빅토리아와 샘은 자신들만 많이 먹을 수 있는 과자를 친구들과 함께 나누어 먹어야 하는 상황이 자꾸 벌어지자, 내 것이 없어지는 것 같아서 속상해했어. 그뿐만이 아니야. 이미 집 안에 들어와 있던 아이들조차도 초인종 소리를 기뻐하지 않았지. 하지만 또 다른 아이들이 들어오지 못하도록 숫자를 제한하거나 문을 잠그지는 않고 모두 환영했단다. 결국 그 나눔의 끝에 아이들은 맛있는 할머니의 과자를 먹을 수 있게 되었어. 나누면 나눌수록 더욱 풍족하게 채워 주시는 하나님이 계시다는 사실을 기억하렴. 오늘도 친구들과 이웃들에게 내 것을 나눌 수 있는 우리 가족이 되도록 하자.

마무리 기도

하나님 아버지, 더 가지려 하기보다 더 나눔으로 모두에게 행복을 주는 우리가 되게 해주세요. 예수님의 이름으로 기도합니다. 아멘.

활동

* 내가 다른 친구들에게 나누어 줄 수 있는 것은 무엇인지 그림으로 그려 보세요.

10월 3째주 — 하나님은 우리가 어려운 사람과 동물을 돌보기를 원하세요

시작 기도

하나님 아버지, 오늘 이야기를 통해 돌봄과 관심에 대해 알게 해주세요. 예수님의 이름으로 기도합니다. 아멘.

이 동네는 처음이라
글·그림 마르타 알테스 | 출판사 북극곰

떠돌이 개가 도착한 동네는 개의 집이 있을 것 같습니다. 동네는 활기차고 재미있는 사람들이 있어 마음에 듭니다. 하지만 사람들은 바쁘고 떠돌이 개가 보이지 않는 것 같습니다. 그러던 중 떠돌이 개는 엄마를 잃은 소녀를 만나 함께 이곳저곳을 다니면서 외로움과 두려움이 점차 사라집니다. 마침내 소녀는 가족을 만나고 떠돌이 개와 소녀는 한 가족이 됩니다. 사는 게 많이 다르지만 날마다 새로운 것을 하며 이곳이 우리 동네가 됩니다.

말씀

하나님 아버지께서 보시기에 깨끗하고 흠이 없는 경건은, 고난을 겪고 있는 고아들과 과부들을 돌보아주며, 자기를 지켜서 세속에 물들지 않게 하는 것입니다. 약 1:27

나눔

떠돌이 개는 새롭게 도착한 동네가 마음에 들었어. 특히 무엇이 마음에 들었을까? (사는 게 많이 달랐지만 재미있는 사람들이어서 마음에 들었어) 하지만 사람들의 눈에는 떠돌이 개가 보이지 않는 것 같았어. 왜 그랬을까? (다들 바쁜 것 같았고 떠돌이 개에게 관심을 가진 사람은 없었기 때문이야) 사람들은 자신들만 즐거워했지 집을 찾는 떠돌이 개를 도와줄 마음은 없었어. 소녀와 떠돌이 개는 함께하면서 마음이 점차 좋아졌어. 어떻게 좋아졌지? (개는 더 이상 외롭지 않았고, 소녀는 엄마를 잃어버린 것이 두렵지 않았어)

하나님은 우리에게 어려움에 처한 사람들을 돌보라고 말씀하셨어. 이런 행동들을 경건이라고 하는데, 경건은 하나님의 거룩한 성품을 닮아 가는 거란다. 하나님이 소외되고 가난한 자들을 지키고 돌봐주는 성품을 가지고 계신 거지. 오늘 본 책에서 강아지도 사실 외로운 처지에 처해 있었어. 자신과 함께할 가족 같은 친구들을 찾아보았지만, 그런 친구들은 없었단다. 하지만 길을 잃은 소녀를 보는 순간, 도움을 바랐던 강아지는 오히려 자신이 돕는 자가 되기로 마음먹고 소녀의 어머니를 찾아 주었어. 그러면서 강아지는 더 이상 외롭지 않게 되었고, 소녀는 더 이상 두렵지 않게 되었지. 이처럼 누군가를 돕는 것은 우리에게도, 그리고 다른 누군가에게도 큰 기쁨이 된단다. 우리도 하나님의 말씀에 순종해서 우리 주위에 어려움을 겪고 있는 사람이나 동물들이 있는지 살펴보고 도움을 줄 수 있도록 하자.

마무리 기도

하나님 아버지, 하나님의 성품을 따라 이웃을 살피고 돌보는 우리가 되게 해주세요. 예수님의 이름으로 기도합니다. 아멘.

활동

* 강아지가 길을 잃었어요. 집을 찾을 수 있도록 점선을 따라가 보세요.
  길 잃은 강아지처럼 우리의 도움을 필요로 하는 친구나 동물이 주위에 있나요?
  그들을 도울 수 있는 방법은 무엇일까요? 가족과 함께 생각해 보세요.

10월 4째주
오늘 하루, 하나님이 주신 모든 것에 감사해요

시작 기도

우리 삶의 주인이신 하나님 아버지, 오늘 이야기를 통해 우리에게 주신 멋진 날이 언제인지 알게 해주세요. 예수님의 이름으로 기도합니다. 아멘.

다니엘의 멋진 날
글·그림 미카 아처 | 출판사 비룡소

다니엘이 할머니 집에 갈 때 이웃들은 "멋진 날 보내렴!"이라고 인사합니다. 다니엘은 이웃들에게 어떤 날이 멋진 날이냐고 묻습니다. 페인트칠을 하는 산체스 부인, 연날리기를 하려는 에마무나, 이웃집 부부, 아기 돌보미, 버스 기사, 정원사, 빵집 주인, 집배원, 신문잡지 판매원, 건널목 안전요원, 할머니가 생각하는 멋진 날은 모두 다르지만, 그들 모두에게 오늘은 멋진 날입니다. 하루를 보내고 안전하게 집으로 돌아간 다니엘은 "아주 멋진 날이었어요"라고 말합니다.

말씀

사람에게는 먹는 것과 마시는 것, 자기가 하는 수고에서 스스로 보람을 느끼는 것, 이보다 더 좋은 것은 없다. 알고 보니, 이것도 하나님이 주시는 것, 그분께서 주시지 않고서야, 누가 먹을 수 있으며, 누가 즐길 수 있겠는가? 전 2:24-25

나눔

다니엘은 할머니를 만나러 가는 길에 많은 이웃들을 만났지. 이웃집 할아버지 할머니는 어떤 날이 멋진 날이라고 했지? (공원벤치에 그늘이 잘 드는 날) 왜 그게 멋진 날일까? (할아버지 할머니가 그늘에서 시원하게 쉴 수 있으니까) 조금 더 지나가다 빵집 아저씨도 만났지. 아저씨는 어떤 날이 멋진 날이라고 했지? (케이크 주문이 많은 날) 맞아, 빵집 아저씨는 자신이 만든 케이크로 많은 사람들이 축하받고 즐거운 시간을 보내는 것을 좋아했어. 그렇다면 오늘의 주인공, 다니엘에게 오늘은 왜 멋진 날이었을까? (이웃들이 자신들이 원하던 일상을 즐기며 살아가는 것을 보며 행복했고, 엄마가 다니엘을 꼭 안아 주었기 때문에)

대부분의 사람들은 좋은 일이 생기거나 유익이 있을 때를 멋진 날이라고 말한단다. 하지만 꼭 그런 날만 멋진 날일까? 사실 모든 것이 하나님의 손에서 나온 것이기에 순간순간이 멋진 날이란다. 그렇기에 자신의 일상에서 소소한 감사를 찾아내고 자기가 하는 수고에 보람을 느낀다면, 그날이 바로 멋진 날인 것이지. 다니엘은 이웃들의 소소한 일상의 모습에서 감사와 행복을 느낄 수 있었어. 대단한 무엇이 있기에 하나님께 감사하고 특별하다고 여기기보다는, 일상의 작은 부분에서 보람을 느끼고 행복을 느끼며 감사하는 우리가 되도록 하자.

마무리 기도

하나님 아버지, 평범한 삶에서 작은 것에 감사하고 행복을 느낄 수 있는 우리가 되게 해주세요. 예수님의 이름으로 기도합니다. 아멘.

활동

* 오늘 나는 어떤 마음으로 하루를 보냈나요? 오늘 있었던 감사한 일을 그림으로 그려 보고, 감사한 일을 떠올리는 내 얼굴 표정도 그려 보세요.

> 11월 1째주

하나님이 봄, 여름, 가을, 겨울을 주셨어요

시작 기도

하나님 아버지, 오늘 이야기를 통해 사계절이 주는 아름다움을 느끼게 해주세요. 예수님의 이름으로 기도합니다. 아멘.

사계절

글·그림 존 버닝햄 | **출판사** 시공주니어

봄에는 새가 둥지를 틀고, 돼지가 코로 땅을 파헤치고, 새끼 양들이 뛰놀고, 오리들이 물장구를 치고, 꽃이 핍니다. 여름에는 옥수수가 익어 가고, 사람들은 방학을 즐기고, 더위와 폭풍우가 찾아옵니다. 가을에는 낙엽이 흩날리고, 트랙터로 밭을 갈고, 모닥불을 피우고, 밤이 길어집니다. 겨울이 되면 낮에는 안개가 끼고, 밤에는 서리가 내립니다. 얼음이 얼고 눈과 비가 내리다 보면 다시 봄이 시작됩니다.

말씀

땅이 있는 한, 뿌리는 때와 거두는 때, 추위와 더위, 여름과 겨울, 낮과 밤이 그치지 아니할 것이다. 창 8:22

나눔

봄에는 무엇을 볼 수 있지? (개나리, 새싹 등등) 여름에는? (뜨거운 햇살, 푸른 바다 등등) 가을에는 무엇을 볼 수 있을까? (낙엽, 은행 등등) 겨울에 볼 수 있는 것은? (눈사람, 눈 등등)

하나님은 세상을 창조하셨을 뿐 아니라 자연의 법칙을 만드셨어. 낮과 밤을 만드시고, 때에 따라 계절이 바뀌도록 하셨지. 하나님은 계절마다 많은 것을 보고 느끼게 하셨단다. 푸르른 대지에 싹이 트는 봄이 되면 논밭에 씨앗을 심으며 기대감을 갖게 되지. 여름은 뜨거운 태양으로 힘들기는 하지만 곡식과 열매가 쑥쑥 자라난단다. 낙엽이 떨어지는 가을에는 논밭에 많은 열매들이 무르익어 가는 수확의 기쁨을 주시고, 밤이 길어지는 겨울에는 눈이 내리는 아름다움을 주셨지. 하나님은 이러한 아름다운 사계절을 우리에게 그치지 않는 은혜로 주기로 약속하셨어. 하나님이 우리에게 주신 사계절을 맘껏 누리며 하나님께 감사하는 우리가 되자.

마무리 기도

하나님 아버지, 계절마다 아름다운 자연을 경험할 수 있게 해주셔서 감사합니다. 예수님의 이름으로 기도합니다. 아멘.

활동

* 우리 가족이 함께 지내온 사계절 동안 특별히 생각나는 추억을 나누어 보고, 그림을 그리거나 적어 보세요.

| 11월 2째주 | 하나님은 같은 사랑으로 한마음이 되어 서로 기뻐하기를 원하세요 |

시작 기도

하나님 아버지, 오늘 이야기를 통해 한마음의 의미를 알게 해주세요. 예수님의 이름으로 기도합니다. 아멘.

사과가 하나

글·그림 이와무라 카즈오 | **출판사** 미디어창비

언덕 꼭대기에 올라가 간식 시간을 가지려는 나나. 그런데 나나가 그만 사과를 놓쳐 버리고 말았습니다. 사과가 데굴데굴 굴러가기 시작하고 사과를 잡으려는 토끼, 다람쥐, 나나도 데구르르 굴러갑니다. 그러다 곰 등에 사과도 친구들도 쿵 부딪칩니다. 언덕 꼭대기에 가서 나나, 토끼, 다람쥐, 곰은 사과를 맛있게 나누어 먹고 남은 씨를 심습니다. 모두 사과나무가 열릴 것을 기대하며 헤어집니다.

말씀

여러분은 같은 생각을 품고, 같은 사랑을 가지고, 뜻을 합하여 한마음이 되어서, 내 기쁨이 넘치게 해 주십시오. 빌 2:2

나눔

좋아하는 언덕 꼭대기에서 나나에게 무슨 일이 일어났지? (사과를 먹으려다가 사과를 놓쳤어) 나나의 도움 요청에 토끼와 다람쥐는 어떻게 했을까? (함께 사과를 잡으러 뛰어갔어) 나나와 토끼, 다람쥐, 곰은 같은 마음이 생겼어. 어떤 마음이었을까? (사과가 생겼다, 함께 나눠 먹자)

예수님을 믿는 사람들은 자신만을 위해 살지 않는단다. 예수님이 우리에게 가르쳐 주셨던 것처럼 다른 사람들의 마음과 상황을 살피고 도우려고 하지. 소녀가 언덕 위에서 사과를 놓쳤을 때 다람쥐와 토끼에게 도움을 요청하자, 친구들은 소녀와 같은 마음으로 뜻을 합해 언덕 밑으로 굴러가는 사과를 주우려고 했어. 그러다 모두가 넘어지는 어려움을 겪기도 했지. 이처럼 같은 마음을 품고 서로를 돕는 과정 가운데는 어려움도 있을 수 있어. 하지만 그럴 때일수록 다투기보다는 서로를 격려해 주어야 한단다. 마침내 사과를 줍게 된 친구들은 언덕 위로 올라가 함께 사과를 먹으면서 서로 기뻐할 수 있었어. 그뿐만 아니라 씨앗을 언덕 위에 심고 사과나무가 자랄 것에 대한 기대도 함께 품을 수 있었지. 우리도 같은 마음으로 서로를 돌아보고 도와줌으로 함께 기쁨을 누리도록 하자.

마무리 기도

하나님 아버지, 한마음과 한뜻으로 서로를 돌아보고 사랑하는 우리가 되게 해주세요. 예수님의 이름으로 기도합니다. 아멘.

활동

* 가족과 함께 한마음이 되어 다양한 방법으로 사과를 만들어 보세요.
  (예: 색종이로 붙여요, 색연필로 칠해요, 스티커로 꾸며요)

11월 3째주 — 소중한 것을 조금만 조금만 하다가 잃지 않도록 마음을 지켜요

시작 기도

하나님 아버지, 오늘 이야기를 통해 책임과 지킴에 대해 알게 해주세요. 예수님의 이름으로 기도합니다. 아멘.

조금 많이

글·그림 올리비에 탈레크 | 출판사 이숲아이

나무는 약하니깐 잘 돌봐 줘야 한다고 말하는 다람쥐가 있습니다. 하지만 나무에는 솔방울이 많으니 한 개쯤 더 먹어도 되겠지 하며 모든 솔방울을 먹어 버립니다. 그렇게 솔잎, 가지, 뿌리까지 조금만 조금만 하면서 다 먹어 버립니다. 그리고 남겨진 밑둥에 있는 다람쥐를 사람들이 발견하고 쫓습니다. 다람쥐는 약하기에 잘 돌봐 줘야 한다면서.

말씀

"조금만 더 자야지, 조금만 더 눈을 붙여야지, 조금만 더 팔을 베고 누워 있어야지" 하면, 가난이 강도처럼 들이닥치고, 빈곤이 방패로 무장한 용사처럼 달려들 것이다. 잠 24:33-34

나눔

다람쥐는 나무를 잘 돌봐 주어야 한다고 해. 왜 그랬을까? (다람쥐에게 나무는 꼭 필요하고 소중한 존재이기 때문이야) 꼭 필요한 만큼만 솔방울을 먹어야 한다고 말한 다람쥐는 솔방울을 얼마만큼이나 먹었지? (아주 많이) 다람쥐는 왜 솔방울을 먹어도 된다고 말하고 있지? (아주 많으니까, 어차피 누군가가 다 먹을 거니까) 꼭 필요한 만큼만 먹어야 하는 솔잎도, 가지도, 뿌리도 얼마만큼 먹었지? (모두 다) 결국 다람쥐는 어떻게 되었지? (살 수 있는 나무도 없어졌고 사람들에게 쫓기게 되었어)

사람들은 누구나 잠을 잔단다. 잠을 자는 것은 사람의 기본 욕구지. 잠을 자야 몸과 마음이 건강해질 수 있어. 다만 잠을 자지 말아야 할 때 자고 있다면 안 되겠지. 우리는 자신이 해야 할 일에 책임을 지기보다, '조금만 조금만'이라고 변명하면서 다음으로 미루는 경우가 많아. 다람쥐는 말로는 나무를 소중하게 돌봐야 한다고 했지만 사실은 계속 조금씩 미루면서 자기가 하고 싶은 대로 했단다. 결국 다람쥐에게 소중하다던 그 나무는 그루터기만 남게 되었지. '조금만 조금만'이라며 우리가 책임져야 할 일을 미루거나 욕심을 내지 말고, 한 걸음 한 걸음 더 앞으로 나아가 소중한 것을 지켜내는 우리가 되도록 하자.

마무리 기도

하나님 아버지, 맡겨진 일에 책임을 다하고, 힘써 지켜 갈 수 있는 우리가 되게 해주세요. 예수님의 이름으로 기도합니다. 아멘.

활동

* 조금만 조금만 하면서 잃어가지 않도록 우리가 지키고 돌봐야 할 소중할 것에는 무엇이 있는지 적거나 그림을 그려 보세요. (예: 자연, 친절, 예배, 가족, 친구, 존중 등)

11월 4째주 — 하나님은 기쁨으로 형편에 맞게 드리는 것을 좋아하세요

시작 기도

하나님 아버지, 오늘 이야기를 통해 하나님이 기뻐하시는 드림은 무엇인지 알게 해주세요. 예수님의 이름으로 기도합니다. 아멘.

토끼의 의자

글 고유야마 요시코 / 그림 가키모토 고우조 | **출판사** 북뱅크

토끼는 의자를 만들어 '아무나'라는 표지판과 함께 나무 옆에 둡니다. 당나귀는 무거운 도토리 바구니를 올려 두고 나무에 기대어 잠이 듭니다. 곰은 아무나 먹어도 되는 줄 알고 도토리를 먹은 다음, 꿀이 든 병을 올려 둡니다. 여우는 꿀을 먹고 빵을 올려 둡니다. 다람쥐 열 마리는 빵을 먹고 알밤을 가득 넣어 둡니다. 잠에서 깬 당나귀는 도토리가 사라지고 알밤이 들어있는 것을 보자, 아기 도토리가 자라서 알밤이 되었다며 놀라워하는데 정말 그럴까요?

말씀

기쁜 마음으로 각자의 형편에 맞게 바치면, 하나님께서는 그것을 기쁘게 받으실 것입니다. 하나님께서는 없는 것까지 바치는 것을 바라지 않으십니다. 고후 8:12

나눔

토끼는 열심히 의자를 만들었어. 어디에 두면 좋을까 생각한 토끼는 좋은 생각이 떠올랐어. 뭐라고 생각했을까? (나무 밑에 누구나 앉아서 쉴 수 있으면 좋겠다고 생각했어) 토끼가 만들어 놓은 의자를 보고 당나귀는 무슨 의자라고 생각했지? (친절한 의자, 무거운 짐을 내려놓을 수 있는 의자) 곰과 여우와 다람쥐는 의자 위에 있는 음식을 아무나 먹어도 된다고 생각해서 맛있게 먹었어. 그러고 나서 어떤 마음이 들었지? (고마운 마음, 빈 바구니를 보니 나만 먹은 것 같아 미안한 마음) 동물들은 빈 바구니에 자기가 가지고 있는 것을 다른 사람들이 먹을 수 있도록 내어주었어.

토끼가 아무나 앉으라며 주었던 의자처럼, 하나님은 우리에게 빛나는 해도 주시고 공기도 주시고 엄마, 아빠, 친구도 아무런 조건 없이 주셨단다. 이제 우리도 다른 동물 친구들이 그랬던 것처럼 내가 가지고 있는 것을 하나님께, 그리고 우리 주위의 이웃들에게 기쁜 마음으로 나누도록 하자.

마무리 기도

하나님 아버지, 하나님께서 값없이 주신 은혜를 기쁨으로 다른 이들에게 나누는 우리가 되게 해주세요. 예수님의 이름으로 기도합니다. 아멘.

활동

* 나라면 토끼의 의자에 무엇을 놓둘지 빈칸에 적어 보고, 그림책에 나오는 친구들이 토끼의 의자에 두고 간 선물을 선으로 연결해 보세요.

12월 1째주
가난한 사람에게 은혜를 베푸는 사람은 복이 있는 사람이에요

시작 기도

하나님 아버지, 오늘 이야기를 통해 아름다운 공동체가 무엇인지 알게 해주세요. 예수님의 이름으로 기도합니다. 아멘.

황소 아저씨
글 권정생 / 그림 정승각 | **출판사** 길벗어린이

겨울밤 잠을 자던 황소 아저씨는 자신의 등을 타고 가는 무언가를 꼬리로 후려칩니다. 알고 보니 어머니가 죽고 4마리 동생을 위해 먹이를 구하러 온 생쥐였습니다. 황소 아저씨는 생쥐에게 구유 속의 남은 음식을 기꺼이 내주고, 빨리 갈 수 있도록 등도 내줍니다. 그리고 동생들이 배불리 먹을 수 있도록 14번이나 등과 음식을 내줍니다. 아기 생쥐들이 자라자 모두 함께 와서 실컷 먹도록 합니다. 생쥐 형제와 황소 아저씨는 사이좋은 친구가 되어 놀이도 하고 함께 살기로 합니다.

말씀

이웃을 멸시하는 사람은 죄를 짓는 사람이지만, 가난한 사람에게 은혜를 베푸는 사람은 복이 있는 사람이다. 잠 14:21

나눔

잠을 자던 황소 아저씨는 등이 가려워 세차게 꼬리로 후려쳤어. 등이 가려웠던 이유는 무엇이었지? (생쥐가 등을 탔기 때문에) 생쥐는 몇 번이나 황소 아저씨의 등을 넘어갔지? (14번) 황소아저씨는 생쥐들이 실컷 먹을 수 있도록 음식과 등을 내어주고, 더 나아가서 함께 살기로 했지. 황소 아저씨는 생쥐들에게 얼마만큼의 은혜를 베푼 걸까? (자신이 할 수 있는 모든 것)

성경은 2가지 큰 계명을 말하고 있단다. 첫째는 하나님을 사랑하는 것이고, 둘째는 이웃을 사랑하는 것이지. 여기서 이웃이란 나에게 도움이 되는 사람만을 말하지 않아. 나의 도움이 필요한 사람도 나의 이웃이란다. 하지만 어떤 사람들은 부자와만 친해지려 하고, 가난한 사람과는 함께 지내려고 하지 않아. 오히려 그들을 미워하기까지 하지. 가난한 사람과 있으면 나의 것을 나누어 주어야 하고, 내가 더 많은 수고를 해야 하기 때문이야. 하지만 예수님은 오히려 가난한 사람의 친구가 되라고 말씀하셨단다. 황소 아저씨는 부모를 잃은 생쥐 가족에게 먹을 것을 나누어 주고, 자신의 등을 빌려 주고, 자기 집에서 함께 잘 수 있도록 해주었어. 성경은 가난한 사람에게 은혜를 베푸는 사람은 복이 있는 사람이라고 말하고 있는데, 복이란 단지 돈을 많이 벌고, 오래 사는 것을 뜻하지 않는단다. 하나님의 마음을 알고, 하나님의 말씀에 기쁨으로 순종하는 것이 진정한 복이지. 우리도 가난한 자를 기쁨으로 도와 하나님이 주시는 복을 누리도록 하자.

마무리 기도

하나님 아버지, 우리에게 좋은 친구를 주셔서 감사합니다. 예수님 안에서 서로를 사랑하고 섬김으로 아름다운 공동체를 세워 갈 수 있게 도와주세요. 예수님의 이름으로 기도합니다. 아멘.

활동

* 다음과 같은 상황에서 우리가 할 수 있는 것은 무엇일까요? 가족끼리 이야기 나누고 적어 보세요.

울고 있는 아이

배고픈 아이

재난으로 어려움에 처한 아이

12월 2째주 우리의 착한 행실을 통해 하나님이 영광 받으세요

시작 기도

하나님 아버지, 오늘 이야기를 통해 친절의 의미를 알게 해주세요. 예수님의 이름으로 기도합니다. 아멘.

하나의 작은 친절
글·그림 마르타 바르톨 | 출판사 소원나무

반려견을 잃어버려 포스터를 붙이던 여자는 하나 있는 사과를 길거리 연주자에게 줍니다. 그것을 본 한 남자는 할아버지가 버린 캔을 주어 쓰레기통에 버립니다. 그것을 본 소년은 울고 있는 소녀를 위해 풍선을 삽니다. 풍선으로 놀고 있는 아이들을 보던 신사는 가방에서 떨어진 열쇠의 주인을 찾아 줍니다. 그것을 본 소녀는 우산이 없는 소년에게 우산을 씌어 줍니다. 이렇게 작은 친절이 이어져 모두가 행복하고 따뜻한 도시가 만들어집니다.

말씀

이와 같이, 너희 빛을 사람에게 비추어서, 그들이 너희의 착한 행실을 보고, 하늘에 계신 너희 아버지께 영광을 돌리게 하여라. 마 5:16

나눔

이 이야기에는 친절한 행동을 베푼 10명의 사람이 나오는데 그중에서 가장 기억에 남는 사람은 누구야? (울고 있는 소녀를 위해 풍선을 사는 남자아이) 어떤 면이 좋아 보였어? (울고 있는 친구를 위해 자신의 것을 내어주는 것은 훌륭한 것 같아) 그러네, 다른 사람을 위해 친절한 행동을 하는 것은 쉬운 일이 아니야. 이러한 친절한 행동 중에서 우리가 할 수 있는 것은 무엇이 있을까? (자리 양보하기, 문 열어 주기, 사과 나눠 주기, 쓰레기 줍기, 선물하기 등) 우와, 우리가 할 수 있는 친절한 행동들도 많이 있구나.

하나님은 우리에게 세상의 소금이고 빛이라고 말씀하셨어. 소금은 음식에 맛을 내는 역할을 하기에 꼭 필요한 것이고, 빛은 어둠을 환히 밝히는 능력을 가지고 있지. 하나님이 우리를 빛으로 부르셨기 때문에 우리에게는 이 세상에서 빛처럼 살아가야 하는 책임이 있단다. 그렇다면 빛처럼 살아간다는 건 무엇일까? 우리가 있는 곳에서 환한 웃음과 마음들을 만들어 가는 친절을 베푸는 거야. 그렇게 되면 우리의 모습을 보며 다른 사람들이 하나님께 영광을 돌릴 뿐 아니라, 그들도 우리처럼 다른 이에게 친절을 베풀게 되지. 사실 우리도 예수님께서 사람들에게 친절을 베푸시는 모습을 보면서 다른 사람에게 친절을 베풀고 있단다. 그림책에 나오는 사람들이 작은 친절을 보며 자신도 친절을 베풀게 되었던 것처럼 말이야. 우리도 빛으로 부르신 하나님의 뜻을 잘 기억하며 예수님이 보이셨던 친절을 다른 사람에게 베풀며 살아가도록 하자.

마무리 기도

하나님 아버지, 우리가 다른 사람에게 베푸는 친절을 하나님이 기뻐하신다는 것을 알게 되었어요. 언제 어디서나 친절하게 대하는 우리가 되게 해주세요. 예수님의 이름으로 기도합니다. 아멘.

활동

* 가족이나 친구를 위한 '작은 친절상 상장'을 만들어 보세요.

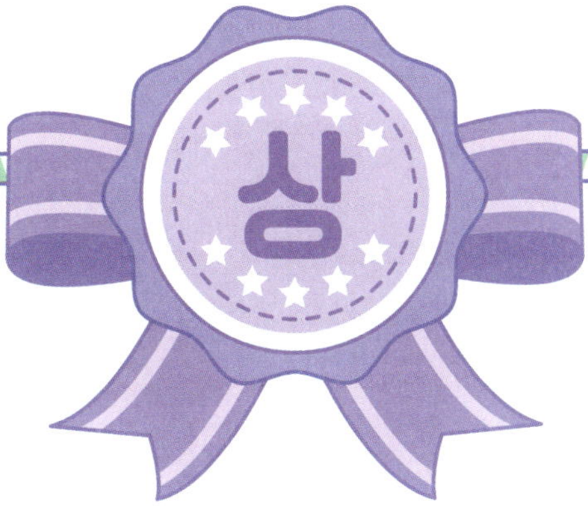

12월 3째주 — 아기 예수님은 우리의 큰 기쁨이에요

시작 기도

하나님 아버지, 오늘 이야기를 통해 좋은 소식의 의미를 알게 해주세요. 예수님의 이름으로 기도합니다. 아멘.

아기 예수와 숫자 이야기
글·그림 정원정 | 출판사 홍성사

아기 예수님이 이 땅에 오신 기쁨의 날을 숫자와 함께 보여 줍니다. 별 하나, 마리아와 요셉 두 명, 동방박사 세 사람, 아기 예수님이 태어난 마구간의 소 네 마리, 당나귀 다섯 마리, 경배하는 양치기 여섯 명, 천사 일곱 명, 생쥐 여덟 마리, 비둘기 아홉 마리, 양 열 마리. 모두 모여 아기 예수님의 탄생을 축하합니다.

말씀

천사가 그들에게 말하였다. "두려워하지 말아라. 나는 온 백성에게 큰 기쁨이 될 소식을 너희에게 전하여 준다. 오늘 다윗의 동네에서 너희에게 구주가 나셨으니, 그는 곧 그리스도 주님이시다." 눅 2:10-11

나눔

예수님이 태어나신 날, 그 소식을 알려 주는 별 하나가 있었지. 별빛 아래 아기 예수님의 탄생을 축하하는 사람들과 동물들이 있었어. 어떤 사람들이 있었지? (예수님의 부모인 마리아와 요셉, 별을 보고 온 동방박사, 들에서 양을 치던 양치기들, 하늘의 천사들) 그렇지. 예수님은 베들레헴의 작은 마구간에서 태어나셨어. 마구간에는 어떤 동물들이 있었지? (소, 당나귀, 양, 생쥐, 비둘기) 어떻게 예수님의 탄생을 축하했을까? (울음소리로, 조용히 바라보면서, 웃으면서, 선물도 주었어)

천사들은 세상에서 가장 기쁜 소식을 양떼를 지키던 목자들에게 전해 주었단다. 바로 구약의 선지자들이 예언했던 메시야(구원자)가 태어났다는 것이었어. 예수님의 탄생을 축하하기 위해 베들레헴으로 간 목자들은 깜짝 놀랐어. 왜냐하면 아기 예수님이 시골 동네 한 여관의 말구유에서 태어나셨기 때문이야. 그곳은 편안하지도 특별하지도 않은 곳이었지. 사실 왕이신 예수님은 이 땅에 오셔서 힘들게 십자가에서 죽으실 필요가 없으셨지만, 우리를 너무나 사랑하시기에 우리의 죄를 용서해 주기 위해 기꺼이 이곳에 오셨어. 아기 예수님의 탄생 소식을 전한 천사들과 그 소식을 들었던 마리아와 요셉, 목자들, 동물들은 모두 함께 기뻐했단다. 우리를 위해 이 땅에 오신 예수님께 감사하며 우리도 이 기쁜 소식을 다른 사람들에게 전하도록 하자.

마무리 기도

하나님 아버지, 예수님을 이 땅에 선물로 보내 주셔서 감사합니다. 우리도 천사들과 목자들처럼 아기 예수님께 찬양하고 우리의 몸을 주님께 드리겠어요. 예수님의 이름으로 기도합니다. 아멘.

활동

* 우리의 큰 기쁨 되신 예수님을 생각하며 예쁘게 색칠해 보세요.

하나님은 하나님을 아는 지식을 채워 주세요

12월 4째주

시작 기도

하나님 아버지, 오늘 이야기를 통해 하나님을 더 많이 알게 해주세요. 예수님의 이름으로 기도합니다. 아멘.

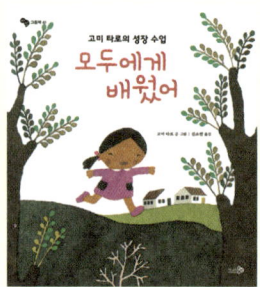

모두에게 배웠어

글・그림 고미 타로 | **출판사** 천개의바람

생각하고 배우는 것을 좋아하는 한 소녀가 있습니다. 걷는 것은 고양이에게, 뛰어넘는 건 강아지에게, 나무 타기는 원숭이에게 배웠습니다. 멋지게 달리기, 기분 좋게 산책하기, 배 깔고 낮잠 자기, 꽃향기를 맡고 꽃물을 먹기, 들키지 않고 숨기, 땅 속의 비밀, 나쁜 녀석 물리치기도 동물들에게 배웠습니다. 선생님도 친구들도 많이 있으니 소녀는 더 많이 배우고 생각하며 훌륭한 사람이 될 것입니다.

말씀

그러므로 우리가 여러분의 소식을 들은 그 날부터, 우리도 여러분을 위하여 쉬지 않고 기도합니다. 우리는 하나님께서 여러분에게 모든 신령한 지혜와 총명으로 하나님의 뜻을 아는 지식을 채워 주시기를 빕니다.
골 1:9

나눔

소녀는 닭에게 기분 좋게 산책하는 법을 배웠는데 어떤 방법일 것 같아? (고개를 들고 주변을 구경하며 천천히 걷는 거야. 가끔 '꼬꼬꼬' 하며 노래도 부르면서) 개미에게 배운 땅 속의 비밀이 있다는데 ○○도 알고 있는 땅 속의 비밀이 있니? (땅은 파면 축축해, 그리고 깜깜해) 우와 놀라운 비밀이구나. 소녀는 친구들하고 선생님께 어떤 것을 배우게 될까? (글씨도 배우고, 양보하는 것도 배우게 될 거야)

사도 바울은 골로새 교인들이 하나님이 주신 지혜와 총명으로 하나님의 뜻을 알아 가길 원했단다. 하나님의 뜻은 단지 성경에서만 배울 수 있는 게 아니야. 하나님이 창조하신 창조물들을 통해서도 우리는 많은 것을 배울 수 있단다. 소녀가 동물들을 통해 많은 것을 배운 것처럼, 또 학교에 가면 친구들과 선생님에 좋은 것을 배울 수 있는 것처럼, 하나님이 우리에게 허락하신 모든 것으로 많은 것을 배울 수 있지. 이런 배움을 통해 우리는 하나님을 닮아 가는 사람이 될 수 있단다. 하나님이 주신 모든 것으로 하나님의 뜻을 아는 지식을 배우고, 모든 것을 채우시는 하나님을 기대하도록 하자.

마무리 기도

하나님 아버지, 소녀가 동물을 통해 많은 것을 배운 것처럼 우리도 하나님을 더 많이 알아 가고 닮아 가게 해주세요. 예수님의 이름으로 기도합니다. 아멘.

활동

* 올 한 해 동안 알게 된 하나님의 마음, 하나님의 방법, 하나님의 사랑에 대해 가족과 이야기를 나눈 다음 글과 그림으로 표현해 보세요.

어린이와 함께하는 그림책 가정예배
ⓒ 백흥영, 박현경

1판 1쇄	2022년 1월 5일
1판 4쇄	2025년 1월 25일

지은이	백흥영, 박현경
발행인	조애신
편집	이소연
디자인	임은미
마케팅	전필영
경영지원	전두표

발행처	도서출판 토기장이
주소	서울시 마포구 동교로 71-1 2F
출판등록	1998년 5월 29일 제1998-000070호
전화	02-3143-0400
팩스	0505-300-0646
이메일	tletter77@naver.com
인스타그램	@togijangi_books_

ISBN   978-89-7782-461-4

- 이 책은 저작권 법에 따라 보호를 받는 저작물이므로 무단 전재와 무단 복제를 금합니다.
- 이 책의 전부 또는 일부를 이용하려면 반드시 저자와 도서출판 토기장이의 동의를 받아야 합니다.

도서출판 토기장이는 생명 있는 책만 만듭니다.
"우리는 진흙이요 주는 토기장이시니 우리는 다 주의 손으로 지으신 것이니이다" (이사야 64:8)